历史-人类学译丛
编辑委员会

* 刘北成（清华大学）
* 刘永华（厦门大学）
　沈　坚（浙江大学）
　张小军（清华大学）
　张　侃（厦门大学）
　杨　豫（南京大学）
　赵世瑜（北京大学）
　赵丙祥（中国政法大学）
　侯旭东（清华大学）
　彭小瑜（北京大学）
　程美宝（中山大学）

* 执行主编

历史—人类学译丛

承袭的权力
一个驱魔师的故事

Inheriting Power
The Story of an Exorcist

〔意〕乔瓦尼·莱维（Giovanni Levi） 著
谢宏维 译 马小悟 校译

北京大学出版社
PEKING UNIVERSITY PRESS

图书在版编目(CIP)数据

承袭的权力：一个驱魔师的故事/(意)乔瓦尼·莱维著；谢宏维译.—北京：北京大学出版社,2018.11
（历史-人类学译丛）
ISBN 978-7-301-29874-9

Ⅰ.①承…　Ⅱ.①乔…②谢…　Ⅲ.①欧洲—现代史—史料　Ⅳ.①K505

中国版本图书馆 CIP 数据核字(2018)第 206364 号

书　　　名	承袭的权力：一个驱魔师的故事 CHENGXI DE QUANLI：YIGE QUMOSHI DE GUSHI
著作责任者	〔意〕乔瓦尼·莱维 著　谢宏维 译　马小悟 校译
责任编辑	吴敏
标准书号	ISBN 978-7-301-29874-9
出版发行	北京大学出版社
地　　　址	北京市海淀区成府路 205 号　100871
网　　　址	http://www.pup.cn　新浪微博：@北京大学出版社
电子信箱	wm@pup.cn
电　　　话	邮购部 010-62752015　发行部 010-62750672 编辑部 010-62757065
印　刷　者	北京中科印刷有限公司
经　销　者	新华书店
	965 毫米 ×1300 毫米　16 开本　14.5 印张　139 千字 2018 年 11 月第 1 版　2018 年 11 月第 1 次印刷
定　　　价	52.00 元

未经许可，不得以任何方式复制或抄袭本书之部分或全部内容。
版权所有，侵权必究
举报电话：010-62752024　电子邮箱：fd@pup.pku.edu.cn
图书如有印装质量问题，请与出版部联系，电话：010-62756370

"历史-人类学译丛"弁言

一、"历史-人类学译丛"的刊行,旨在译介近三十年来历史学与人类学相互交流、相互激荡所催生的重要学术成果。本丛书主题中的"-"外形似减,实则蕴涵相加之意,可引申为历史学与人类学的联姻。这场跨学科的联姻对各自学科都带来不小的冲击:在历史学界,出现了人类学化的史学研究;在人类学界,产生了具有历史深度的人类学分析。这些研究为这两门学科引入了新的研究方法,开拓了新的研究领域,形成了新的问题意识,在一定程度上改变了各自的整体面貌和发展轨迹。

二、本丛书将收录以下三种类型的著作:人类学化的史学研究、具有历史深度的人类学分析和中国研究领域具有历史人类学取向的研究论著。历史学与人类学的联姻,只是跨越了彼此设定的边界,而没有取消这条边界。恰恰是这种因学科本位形成的边界,为双方富有成果的交流提供了原动力。本丛书希望显示两门学科向对方学习的不同出发点和联姻给各自学科带来的不同冲击。同时,我们还希望译介中国研究领域的相关成果，展示这种跨学科交流对中国人文社会科学研究的重要意义。

三、由于两门学科的学术传统各不相同，历史学与人类学对彼此的概念和方法的借鉴，是有选择的借用，而不是全盘的"拿来"，而借用又有程度的差别。我们在编辑这套丛书时，并不拘泥于入选的著作必得以"历史人类学"（historical anthropology）相标榜。近三十年的不少重要社会文化史论著，虽然没有使用"历史人类学"的概念，但在推动历史学与人类学对话中扮演了重要角色，理应被收入本丛书。同样，人类学中的一些相关著作，由于对历史过程、历史意识等问题十分关注，也被收入本丛书。

四、自20世纪90年代初以来，中国的社会文化史学者与人类学家已进行了一定程度的交流和合作，并在此过程中出现了一系列研究成果，形成了具有一定本土特色的方法论。我们希望本丛书的刊行，能为推动相关研究和讨论略尽绵薄之力。

"历史－人类学译丛"编委会
2008年11月

谨以此书献给我的父亲,里卡尔多。
讲述乔瓦·巴蒂斯塔·基耶萨的故事的念头,
源于和他交谈有关传记写作的
相关因素与非相关因素。

目　录

略语表和度量衡表　　1
致　谢　　1

导　论　　1
第一章　大规模驱魔：1697 年审判　　10
第二章　三个家族史：家族势力范围　　42
第三章　互惠原则和土地市场　　84
第四章　乡绅的权威：朱利·恺撒·基耶萨　　126
第五章　一笔精神遗产：1694 年审判　　158
第六章　权力的界定：地方性策略　　182
第七章　权力的诱捕：辖区里的和平　　205

略语表和度量衡表

略语表

AAT　Archivio Arcivescovile di Torino(都灵主教区档案)

APSSPP　Archivio della Parrocchia dei Santi Pietro e Paolo di Santena(桑泰纳圣彼得和保罗教区档案)

ASCC　Archivio Storico del Comune di Chieri(基耶里市档案)

AST　Archivio di Stato di Torino(都灵国家档案)

度量衡表

土地面积

1 乔纳塔(giornat,古时意大利皮埃蒙特区面积单位) = 100 塔沃拉

1 塔沃拉(tavole,古时意大利面积单位) = 12 皮耶德(piedi)

1 乔纳塔 = 31.804 公亩;1 塔沃拉 = 0.318 公亩

容量（固体）

1 萨科(sacco) = 5 埃米娜(emine)

1 萨科 = 138.33 升；1 埃米娜 = 23.055 升

1 埃米娜 = 3.04 派克(pecks)；1 萨科 = 3.81 博索(bushels)

容量（液体）

1 卡拉(carra) = 10 勃朗特(brente)

1 卡拉 = 493.07 升；1 勃朗特 = 49.31 升

1 卡拉 = 130.27 加仑；1 勃朗特 = 13.03 加仑

重量

1 卢布(rubbo) = 25 古磅(libbre)；1 古磅 = 120 盎司

1 卢布 = 9.222 千克；1 古磅 = 0.369 千克

1 盎司 = 30.74 克

1 卢布 = 20.33 磅；1 古磅 = 0.813 磅

体积（柴火）

在桑泰纳的公证法案里显示的柴火的度量单位与都灵省所用的单位不一样：

1 卡拉(carra) ≈ 4 立方米。

参考 B. Borghino, Tavole di ragguaglio da un sistema all'altro dei pesi e delle misure degli Stati di S. M. in Terraferma, pubblicate dal Governo nel 1849… con tutte le aggiunte e correzioni contenute nel volume pubblicato con R. Decreto del 5 maggio 1851（Turin：Favale, 1853）。

货币

所有的货币都转化成皮埃蒙特的里拉：

1 皮埃蒙特的里拉(Piedmontese lira) = 20 索尔迪(soldi);

1 索尔迪 = 12 德纳日(denari)

(分别缩写为£,s 和 d)

直接引文中的特例如下:

1 铜币(donzone) = 12s6d

1 银币(scudo di savoia) ≈ £ 4.2s

1 金币(doppia di spagna ≈ £ 15

1 金币(doppia di Savoia) ≈ £ 14.18s

1 银币(ducatone di Savoia) ≈ £ 6

致　谢

很多朋友都曾参与本书草稿的讨论。首先,我非常感激路易莎·阿卡蒂、卡洛·金兹堡和爱德尔多·格伦迪。他们花费了大量时间反复审读我的草稿,不仅指出了其中的错误和缺点,并且极其巧妙地修正了我之前得出的一些结论。同时,我要感谢在1978—1979年举行的研讨班期间,参与前期调查工作的都灵文学院的同仁,感谢卢西亚诺·爱乐、西蒙娜·哲卢提、玛丽亚·卡拉·宁柏迪、桑德罗·隆巴尔迪尼、佛朗哥·拉梅利亚、西尔瓦娜·帕特里亚尔卡和安杰洛·托雷。他们阅读了初稿并提出了严厉而友善的批评,对这些意见我尽量予以采纳。

本书定稿主要写于1983—1984年间,当时我还是新泽西州普林斯顿大学高等研究院的访问学者。承蒙普林斯顿大学高等研究院社会科学学院的邀请(尽管我的头衔是历史学者),让我有机会和不同学科的同行,尤其是和菲尔·本尼迪克特、里皮·德·切科、约翰·埃利奥特、吉莲·菲利、克利福德·格尔茨、阿尔伯特·赫希曼、阿克塞尔·莱荣霍夫德、唐纳德·麦克洛斯基、西奥·鲁伊斯及杰里·西格尔一起共事和交流。本书亦得到普林斯顿大学高等研究院马力诺·贝伦戈先生的细心审查并受益于他的诸多建议。

  书中关于家族和土地市场的章节,尤其从各种研讨会的公开评论及私下交流中受惠颇多。我很荣幸得到莫里斯·艾马德、格雷戈里·克拉克、杰拉德·德里尔、安德烈·金兹伯格、劳瑞·纽斯多福、马尔塔·彼得鲁塞维奇、帕斯卡尔·维拉尼、勒诺·韦茨曼、斯图亚特·伍尔夫和娜塔莉·泽蒙·戴维斯的宝贵建议。赫伯特·汉伯花了几个下午的时间同我一起制作第三章的图表。

导　论

　　早在旧制度时期,农村社会就已经发生了深刻的变化。尤为明显的是,在技术创新和宗教习俗这两个领域展开了与过去迅猛而又残酷的决裂。而经过几个世纪,家庭结构、社会制度、政界官场、经济策略及人口模型等方面同样也发生了翻天覆地的变化。

　　尽管如此,历史学家还是倾向于认为,这是一个一成不变、保存完好且因循保守的世界,最终在外力作用下土崩瓦解。在这个世界里,人们毫无自主创新,除了极力适应外无计可施,只是不断忙于重复发现那些已被证明是错误的逻辑与道理。

　　然而,历史事实上充满了冲突,也充满了和谐,如此一来,模型的建构就极为复杂。广大农村和城市都经历了一个变化多端、极不稳定的裂变过程。尽管我们所见到的那个社会具有高度的文化同质性——特别是农民和城镇平民与统治阶级或外部世界进行公开对抗时——但据此将其描绘成具有极强凝聚力、没有冲突的"世外桃源"形象则有失偏颇。历史学家和人类学家已经(也许不可避免地)基于同一解释法则,即群体行为理论创建了模型。因而,他们在两种模型面前徘徊不定:一种模型对大众阶层的文化做了充满细节、非常用心但静态的描述,另一种模型的阐述则建立在过时的经济社会发展规律之上,略显散乱,自身未能很好地整合起来。

两种模型在近来的史学辩论中有着重要的意义。第一种模型,被定义为大众阶层的道义(道德)经济的模型,描绘出一种复杂的文化。在这种文化当中,社会的权利凌驾于非人格性的经济法则之上,在粮食骚乱中迫使投机倒把者与囤积居奇者实行公平定价。①

第二种模型,尽管所面向的情境与第一种模型截然不同,但它把大众文化描述为散布着有限的、不可改变的可用资源的形象。这种观点认为,经济增长是不可能的,每一个重新分配财富的行动必定意味着:一部分人发财致富,另一部分人却陷入贫困。这导致一场一切人反对一切人、陷入全面瘫痪的战争爆发,出现持续的紧张局势和普遍的物资匮乏情况。②

在本书中我将不断提及这些模型,特别是第一个观点,即E. P. 汤普森模型,这是最为基础的。这两种观点的共同之处是具有保守性。作为关于广大同质的社会群体的行为模型和认知取向,这两种观点都强烈反对当今目的论者把资本主义彻底商业化作为实现经济由先前局部、潜在的合理性向全面合理性转变的唯一手段。

---

① E. P. Thompson, "The Moral Economy of the English Crowd in the Eighteenth Century," *Past and Present* 50(1971): 76 – 136.

② G. Foster, "Peasant Society and the Image of Limited Good," *American Anthropologist* 67 (1965): 293 – 315; G. Foster, *Tzintzunzan: Mexican Peasants in a Changing World* (Boston: Little Brown, 1967).

导 论

本书从一种不同的行为模型和视角来研究历史事实,而非从专制主义国家中央集权的不断强化或市场力量的广泛扩散而导致社会制度逐渐崩溃这一观点来阐述。我要研究的是矛盾冲突的某一个阶段,期间地方社会和中央权力都发生了变化。我们可以解释将外在于这个脆弱的小村庄的封建制度摧毁殆尽的社会变化之机制,然而这一解释却无法详述这一阶段所产生的各种各样混杂结果,除非转向其他假设,即当地出现不同的适应变化仅仅因为它们有不同的出发点。但这只是回避问题而非解决问题。①

---

① 目前对现代国家的兴起的解释常常是基于一个广义的看法,即在把民族的政治特点看做一个整体的条件下,倾向于低估本地社会和现实的价值角色。这种看法不是将国家的形成视为一个呈现于所有国家现代化实例中的舞台的概念的解释所独有的。(例如,见 T. Parsons, *Societies*:*Evolutionary and Comparative Perspectives*, Englewood Cliffs, N. J.:Prentice - Hall, 1966。)一些观点虽然也强调政府专权和社会控制在逐步扩大,但是认定中央集权能够进行整齐划一的统治,由此施加大一统。在实质上稳定的社会框架中,不同社会阶层的角色发生了改变(例如,见 L. Stone, *The Crisis of the Aristocracy*,*1558 – 1641*, Oxford:Clarendon Press,1965)。仍然有其他的观点认为世界范围内的资本市场的发展是根本现实。该现实解释了众多民族处于整个剥削体系的中心或外围。他们想通过这种方法来消除不是由完全外在于社会结构的变量决定的地方差异(例如,见 I. Wallerstein, *The Morden World – System*:*Capitalist Agriculture and the Origin of the European World – Economy in the Sixteenth Century*, New York:Academic Press,1974)。

我认为应该重点关注的是:封建主义向资本主义过渡时期新形成的国家所呈现的结构很大程度上决定于政治的连续性方面。通过这种方式,当地个体农民对市场经济的发展和中央集权体系的获取、分配和控制的发展产生反应。这是 Charles Tilly 在 *The Formation of National States in Western Europe*(Princeton:Princeton Press,1975)一书中的观点。在 B. Moore, Jr. 的 *Social Origins of Dictatorship and Demoncracy*:*Lord and Peasant in the Morden World* (Boston:Boston Press,1966)书中有更基本的阐述。在不同社会群体间,集权与冲突之间互相作用产生的结果成为政治体系差异和特色的根本机制。国家的力量产生于统治集团根据他们的能力、使用的权力和经济取向所赋予它的控制角色中,这种角色可能是统治集团不情愿赋予的。然而,当国家必须运用自己的权力来施加影响力的外部因素被估值时,从这里衍生出的条件也被低估了。在很多现代国家中,地方贵族作为外围和国家之间协调者的角色是政治现实的一个根本方面,这一点将被写入本书中。关于这个整个问题,见 A. Torre 的 *Stato e società nell' Ancien Régime* (Turin:Loescher, 1983)中不错的总评。

因此,我打算重点研究皮埃蒙特区 17 世纪发生的一些事情并重构具有文献记载的桑泰纳所有居民的传记。从长远来看,个人策略和家庭策略的界限可能变得模糊,由于它们的共同的作用产生了一个相对的平衡。可感知的结果不是个人参与历史的唯一准则,也不是打开他们所承载的社会基本结构之形成和修正的唯一钥匙。在每个桑泰纳人的生命历程中,类似的问题、踌躇及抉择,皆源于以策略性地运用社会规则为中心的日常生活政治。

一般而言,冲突与矛盾发生,随之而来的是新的平衡形成;新的平衡又被证明是不稳定的,从而导致新的破裂。我们通常保持一定的距离来看待这个社会,因而看到的是最后的结果,而这个结果,参与者往往是无法控制的,实在是超出他们的生活。在我们看来,在强加于人的现代国家的法律下,人的反抗如此无力,且从长远来看又与大历史毫不相关。然而,事实并非如此。当组织和个人在实施自己的重大策略时,那些早已经形成和正在形成的规范制度,留下了破绽和漏洞。这些策略在现实政治生活中留下了永久的印迹。它们不能阻止各种统治形式的出现,但确实使之受到制约并得到调整。

那么,我的起点是假定农民世界有其特有的逻辑或理性。作为一种文化现实,它并非对于逐渐但无情地使自己窒息的复杂社会一无所知。我们应切记:理性不仅存在于抵制新社会传播的过程当中,而且存在于对旧社会的积极改造与利用之中。将此铭记在心，我们就能更准确地描述这种理性。正是在这个意义上，我使用了"策略"这个词。

这个理性过程具有选择性。古往今来，对组织或个人的决策系统的阐释，往往都是建立在功能主义或新古典主义图式的基础上。预计收益的最大化、成本的最小化、实现既定目标的所有可能性、惯性的缺失、人际关系理由的不相关性或具体情况的深层原因、所有社会组织内部的利益一致性和社会心理机制、总体的有效信息等——所有这些是现实的简化，由此必定导致个人与规范、决策与行动之间的关系变得机械呆板。而在本书中，全然不同的阐释范畴将会引导对事件的叙述：规则的多义性，即使在完全意识到条件的不确定性时也要做出决定的必要性，在信息有限的情况下行动的能力，简化与行为决定有关的因果机制的心理趋势以及有意识地利用规则体系中的裂痕。具有选择性的、有限的理性体系常把个人的行为模型解释为主观意愿行为与社会所要求的行为之间、自由与约束之间的妥协结果。虽然治理这个社会的法律缺乏连贯性，不同语言之间的交流产生歧义，社会团体或个人之间互不理解，人们出于维持现状的偏好以及在极不确定条件下作出选择的高昂代价的考虑而变得普遍保守，但这个社会还是可能在各方面都充满活力并具有自我意识的。同样，社会制度可看做是某种相互作用的结果，即行为模型和在详尽且有限的理性系统框架下所做的决策之间作用的结果。[①]

我选择了一处很不起眼的地方和一个极为普通的故事。桑泰纳是一个小村庄,而乔瓦·巴蒂斯塔·基耶萨是一位不老练的神父和驱魔师。这是一起群体性地方事件,尽管与超出其直接控制的政治、经济行动有关。此事如此平常,以至于它只引出了与政治行为相关的一些极易想到的动机和策略问题。没有公开的反叛,没有决定历史的危机,也没有影响深远的异端邪说或是翻天覆地的革新。只因那些普通的政治生活、社会关系、经济规律以及一个平常小村庄的心理反应,使得我去研究那看似风平浪静实际却在发生着的许多相关事情。这些是17世纪农民社会日常策略的一个片断剪影。这些策略反映出了更为普遍的主题和关怀,也检验了只远观、不细究的体察导致我们习惯性接受的一些俗套陈说。

我选择了在他们的地方语境中来叙述这些事情。因此,这一文本主要依赖于各种常见的数据,它们提供了来源甚广的人物传记——教区记事簿、公证文书、来自地籍册(catasto

---

[①] 近年来,以乐观主义理论作为一种可接受模型去解释行为的评论,催生众多相关史学作品的涌现。尤其可见 H. Simon, *Models of Thought* (New Heaven: Yale University Press, 1979); H. Leiberstein, *Beyond Economic Man: A New Foundation for Microeconomics* (Cambrige, Mass.: Harvard University Press, 1976); H. Leiberstein, *General X - Efficiency Theory and Economic Development* (New York: Oxford University Press, 1978)。对与当今现实很相似的不确定性情况有很大兴趣的有 J. A. Roumasser, *Rice and Risk: Decision Making among Low - Income Farmers* (Amsterdam: North - Holland Publishing Company, 1976), 1 - 47; P. F. Bartlett, *Agricultural Choice and Change: Decision Making in a Costa Rican Community* (New Brunswick: Rutgers University Press, 1982)。有一些兴趣的有 S. Fiddle, ed., *Uncertainty: Behaviour and Social Dimension* (New York: Praeger, 1980)。

的数据以及其他不太完整的官方文献。

基耶萨神父的故事既是本书的主题,也是重构桑泰纳村社会文化环境的线索引子。它鲜活地发生在这个特定的现实当中,但是它也曲折地指向普遍法则,允许对常量的识别,并建立起对比。那些曾经意图明确的档案,开始有了不一样的意义。可以证明,它们现在字面的、直接的用法是如何曲解了它们过去被置于一个不易受到破坏的信息链时所描述的真相。公证文书中关于单独的核心家庭的信息,掩盖了非混居家族的楔子策略;被当作非个人交易市场表现的土地买卖掩盖了制约交易的互惠原则。

这个语境系统,以及系统之下规则和行为模型之间、社会结构和书面资料里可见的社会意象之间、单个档案和系列档案的字面意义之间的相互交织将成为乔瓦·巴蒂斯塔·基耶萨故事的重要组成部分。

由于我自己在调查中所提的问题使得整个故事情节变得复杂,我便按问讯时所提问题的先后顺序来叙述事件。第一章呈现的是故事历时三十年而达到的高潮部分。缺乏理论的布道和农民掀起的看似盲目崇拜的浪潮让我们陷入了错综复杂的问题之中——贯穿于上帝、权威,以及社会学、经济学与人口统计学危机中的那些认知观念、因果解释和心理态度。

第二、三章对三个家族在土地及土地商业化问题上的策略和态度进行了结构性描述。为了清晰地展现经济实体对社会的依赖,二者都是必需的。但是结构不会对行为和事件作出任何解释。它至多描述某种文化的一些基本特征、价值以及普遍或典型的态度。因此我需要超越对这一社区的静态描述。甚至,社会关系在经济交易以及人际关系的体系中的分量充分反映出家族策略和态度的重要性时,它们也不能准确地告诉我们策略和态度作为社会动力学的基础在乡村如何运作。

第四章所关注的是在封建制度的大危机下,统治体系和各种社会群体与专制政权及国家新机构的关系和运作方式。这些文献把我们的思绪带回到再早五十年前的桑泰纳。乔瓦·巴蒂斯塔·基耶萨的父亲朱利·恺撒·基耶萨是桑泰纳的一位法官和公证人。透过他的生活及其所扮演的角色,我们可以看到权力和社会整合机制。脆弱的社会秩序建立在同一社会阶层中的水平关系和集团、委托代理人关系网间的垂直关系基础之上,它不断被打破,并在司法冲突的环境里重构。在冲突中,封地领主、君主、乡绅和农民们,他们不同的需要、策略和要求都受到了损害。因此,当地调解者的政治合法性只是建立在脆弱的平衡上,这一平衡掩盖了他们因为前景难料和个人威望而进行的无法调和的利益之争。

第五章我们回到乔瓦·巴蒂斯塔·基耶萨身上来,发生于他布道与被审之前的事件有着不同的意义。他定义权力的方式及将其父亲权威之传递视为一笔精神遗产的方式,根植于一个积极且具有自我意识的农民社区。从长远来看,这个农民社区是被击垮了,陷入相互对立的势力的泥淖中,纠缠于封地领主、基耶里城、国家以及都灵大主教之间所签定的协议中。尽管如此,在长期应急性的自治政治生活当中,桑泰纳始终处于有着某种超自然力的某一特定事件的中心,这种力量是作为桑泰纳独有的事物意识形态及独有的行为和决断方式一个不可分割部分而显现出来的。这里再次申明,信仰和决定之间的关系并非线性的。基耶萨的传道之所以成功,不是因为它契合稳定的、预想的思想观念和价值体系,而是因为这类传道为那些饱受战火蹂躏的农民提供了面对令人生疑的信仰和人物时可能采取的行动组织方式。①

在处理因历史变化、信仰、意识形态及统治与权威的关系所引发的各种问题时,我试图阐述个人偏好、机构实体及社会等级与社会价值的不稳定性。换句话说,我努力论述发生剧烈冲突时引起变化的政治进程以及这种变化所带来的无法预测的方向。

---

① 关于决策系统和宗教信仰之间的关系见 P. Brown, *Society and the Holy in Antiquity* (Berkeley: University of California Press, 1982)。

第一章　大规模驱魔:1697年审判

我们不能精确地指出乔瓦·巴蒂斯塔·基耶萨——桑泰纳教区副主教何时开始他的驱魔和治疗活动①,但是我们确知,在他的布道活动有所加强且更具系统性之后,不到一个月他便接到了来自乔瓦·巴蒂斯塔·巴索——教廷最高书记、都灵大主教区副主教的书面禁令。这封书信命令他来到都灵,获得大主教的许可才能进行驱魔活动。那是1697年7月13日。"当我到达那时,"四个月后他在法庭上回忆道,"和唐·维托里奥·内格罗阁下——桑泰纳当地的一位教士一起,人群尾随而来,越来越多的人蜂拥而至,挤满了街道。他们当中很多人残废了,有的是瘸子,有的是驼背,或是其他形式的伤残。他们或坐着推车,或拄着拐杖。"乔瓦·巴蒂斯塔·基耶萨骑在马上,走在他们的最前面。当他到达大主教

---

① 在1694年到1697年期间所有关于乔瓦·巴蒂斯塔·基耶萨的活动的文献可以在 AAT,19,154, Atti criminali, *Del Fisco Arcivescovile di Torino et il Signor Don Chiesa curato di Santena*, 1697 书中的审讯记录中找到。审讯在都灵教区的基督教会法庭开庭,但是在调查团的监督下进行的。在1697年9月7日罗马寄来的信中,红衣主教阿尔德拉诺·辛巴证实基耶萨的副主教一职被暂停,并要求送一份审讯记录的副本到罗马圣办公室的行政机构。

第一章 大规模驱魔:1697年审判

的宫殿时,巴索主教立即质问他;此时他的追随者包围了宫殿。他继续说道:"为了说服宫殿外的这些人离开,大主教他们和我说,我应该主动向议院最优秀的塔纳侯爵阁下辞职,也就是桑泰纳当地领主。为了让我摆脱那些人群,脱离包围,主教用他的轿子亲自把我送到侯爵阁下的住处。大主教他们又补充说,直到他们来请我,我才能恢复我的职务。实际上,三天后做完晚祷时,他们就来了。"这三天基耶萨一直躲在都灵的一座宫殿里,这座宫殿由费德里科·塔纳侯爵1662年建于圣卡洛广场的北边。

第二次问讯要比第一次详尽得多,那些到场的,除了巴索主教,还有"最受人尊敬的神父审判官、圣办公室的神父、受人尊敬的神学家卡洛乔,以及来自本教会的佛拉教士、来自圣菲利波教区的最受人尊敬的瓦尔弗雷神父、来自耶稣会的最受人敬重的普罗文神父、来自圣米歇尔奴隶救赎会的最受人景仰的西普里亚诺神父和伊拉里神父、来自玛利亚十字架教区的达米亚诺神父以及来自圣十字教区的神父唐·塞尔沃纳阁下,至于其他的人我记不清楚了"。① 显然,这个事件引起了

---

① 众人中最杰出的当数塞巴斯蒂安·瓦尔弗雷神父,他是宗教政策的主要制定者之一,也是在17世纪的最后25年维托里奥·阿梅迪奥二世执政时期瓦勒度派的刑事检控专员。见 *Vita del Venerabile Servo di Dio P. Sebastiano Valfré della congregazione dell'Oratorio di Torino, raccolta dai processi fatti per la sua beatificazione* (Turin: Vimercati, 1748); P. Capello, *Della vita del B. Sebastiano Valfré confondatore della torinese congregazione dell' Oratorio di S. Filippo Neri con notizie storiche de' suoi tempi. Libri cinque* (Turin: Matietti, 1872)。还有关于路易吉·普罗文神父,都灵的 Collegio dei Nobili 的记录,见 A. Monti, *La Compagnia di Gesù nel territorio della provincia*(转下页)

承袭的权力：一个驱魔师的故事

轰动：都灵教区的最高当局已参与到对"我在驱魔活动中的行为和那些我在驱魔时解救的人员"的调查中来。基耶萨翻开了《驱魔手册》①和一本笔记，"里面记录了到那时为止我在驱魔过程中所帮助摆脱压制、获得解救的烦恼者和困惑者的信息"。

基耶萨没有做任何理论上的辩护。在法庭上他回忆说，被审讯之前他已经认罪："我的所为超越了我的权限范围，我谴责自己的无知！我请求得到宽恕！"大主教和其他主教们，"当他们听到我的证词，听说我并非出于恶意而是因为无知而犯下错误时"，他们甚至没有收缴笔记本就释放了他，在那上面他记录了驱魔时给他人所带来的伤病。

尽管从他之后的声明中隐约可以看出，他被免去桑泰纳教区神父的职务，但是教区记事册上仍有他主持婚嫁和葬礼

（接上页）*torinese*, vol. Ⅰ, *Fondazioni antiche*（Chieri：Ghirardi, 1914）,219 – 20。关于 Ignazio Carroccio，见 *Orazione funebre alla memoria dell'Illustrissimo e Reverendissimo signor Abate Ignazio Carroccio, preposito della metropolitana di Torino e vicario generale dell'abbazia di San Michele della Chiusa*（Turin：Mairesse and Radix, 1716）。

① 无论是这里还是后面提到的《驱魔手册》，或是基耶萨要宣布从手册上抄的文字都不足以证明是哪本书。几年前在都灵，我找到一本里面几处都写到基耶萨名字的书，但很难确证书是乔瓦·巴蒂斯塔·基耶萨的。该书是 P. A. Giustoboni 写的 *Il medico spirituale al punto, aggiuntovi in questa impressione dallo stesso autore L'esorcista istrurro*（Milan：Vigone, 1694），或许是《布鲁尼奥利手册》（坎迪多·布鲁尼奥利，*Manuale exorciatarium et parochorum, hoc est tractatus de curatione et protectione divina*［Bergomi, 1651；Lugduni, 1658］）。但是，基耶萨的驱魔活动与物理现象有关，而与智力原因无关。而根据《布鲁尼奥利手册》所说的，智力原因是中魔的真正原因。

第一章 大规模驱魔：1697年审判

时的签名。① 当然他被禁止从事驱魔活动。审判一事被上报到罗马的圣职部，上报的书信上却轻描淡写将此描述为仅仅关于一个"完全无知"的教区神父。②

但是基耶萨并没有回家。第二天，也就是7月17日，他在卡尔马尼奥拉给12个人进行了驱魔。又经过三天平安无事之后，也许是受到他的一大群追随者的鼓励，也许是寄希望于治愈更多的人，从而让教会当局给予他正式的驱魔师身份，他去了维诺沃又开始了疯狂的布道和驱魔活动。在6月29日和7月13日之间，他每天至少要治疗6位病人；而在稍有停顿之后，7月17日到8月14日之间，他平均每天治疗的病人数却上升到了18位。在笔记本上，他不仅仔细地记录了病人的名字，而且还写下他们的病情，受疾病折磨的时间，病人来自哪里，并且他还接待越来越疑难的病例。③

现存的文献不能解释为什么当局没有立即对基耶萨的行为作出反应并再次干预。也许审讯是秘密进行的；也许塔纳家族的保护给当局施加了某种压力；也许他的治疗的确很有

---

① 在桑泰纳圣保罗教堂的教区死亡登记簿中，由乔瓦·巴蒂斯塔·基耶萨主持的最后一个葬礼署名日期是1697年9月2日。10月15日，新的萨弗雷根神父阿斯蒂写道"我开始根据普里奥雷·布龙齐尼先生(不必履行教区职务，拥有任命神父的权力)的命令来处理桑泰纳的教会事宜"。
② 9月7日，红衣主教阿尔德拉诺·辛巴在信中(已经摘录过的)呼吁并证实都灵法庭决定取消驱魔术。他说基耶萨的无知导致这样的决定。辛巴说道："很多中了诅咒或得了其他病，甚至是病了很久的人被他的驱魔术治愈的事实使得社会各界的人来找他。"
③ 这本笔记名叫 *Libro delle liberasioni fatte dell'Anno 1697 in malefici ecc*，共38页，记录了7月29日至8月15日被驱魔了的539人的名字。

效,这使得法庭和审判团难以取得进展。但是,从基耶里到卡尔马尼奥拉,所有村的广场上都发生了骚乱,并且这一紧张气氛大有可能愈演愈烈。8月16日基耶萨再一次被捕,这次可能是被秘密逮捕的,因为好像并未看到任何人群尾随其后。自此以后,他失去了自由。根据我的研究,在审判日期之后的文献中再也找不到有关他的任何信息。

审讯11月16日开始,由巴索主教和来自都灵大主教法庭最有威望的审判官唐·乔瓦·弗朗切斯科·莱奥内蒂共同主持。审讯前一天,原告律师和被告律师分别从正反两个方面听取了证词。他们不仅调查了乔瓦·巴蒂斯塔·基耶萨的工作,而且还调查了治疗的效果、所用的医术和他可能从中获得的经济收益。

调查是这样展开的:8月16日,家在都灵市的布里凯拉西奥教区神父唐·乔瓦尼·格兰皮诺代表都灵总审判官神父审问了来自斯卡兰奇的安娜·玛丽亚·布吕埃拉。基耶萨在8月10日的笔记中记录了她"从25岁起有条腿瘸了"。"大约一个月前,"28岁未婚的安娜讲述道,"这些地区有传言说,桑泰纳的神父……奇迹般地使瞎子、瘸子和昏迷者摆脱了疾病的困扰。因为我自己有一条腿的大腿部位瘸了,我就去那里求医,尽管费了很大劲儿才走到那……到那后,我详细地向他描述我的疾病,让他查看了我虚弱的身体。这位神父手里拿着棍子,在我的背脊上做了各种各样的符号。之后让我躺在地上,把脚放在我的脖子上。然后,他告诉我把拐杖扔掉,

第一章 大规模驱魔:1697年审判

并说他已帮我治疗。他还告诉我应涂些圣酒在腿部感染处……我照他说的去做了,但到现在我都没有摆脱痛苦;恰恰相反,我还是和以前一样虚弱。"

这是格兰皮诺聆讯的唯一一位基耶萨的病人。然而,从附近的镇上聚集到那恩的人并不在少数。其中不仅仅有农民和乞丐,就连神父们也蜂拥而至,挤满了那恩。神父们正是格兰皮诺要找来询问的。

格兰皮诺首先聆讯的是在艾拉斯卡任职的神父唐·安东尼奥·费雷里。这是一位55岁的有钱人,据他自己称,其财产价值一万里拉。"像您一样受到了想获知此事真相的欲望驱使,"他说道,"我特意跟我的老乡们来到了那恩。"基耶萨在那恩的小修道院的大厅里搞驱魔活动。"我们只能勉强挤进去。我作证,在那里我耳闻目睹了那位桑泰纳的神父为他面前的所有人驱魔,他们几乎都声称受到魔鬼的附体。基耶萨当众宣称魔鬼就是通过这种方式来缩短凡人寿命的,因此,不像以前人们可以活到400岁,现在的人至多活到70岁。"费雷里继续说道,基耶萨声称"大多数人受到魔鬼的附体,一万人之中有九千人受到附体"。费雷里还讲到"基耶萨做完了大量的驱魔活动之后,还会在另一个人的陪伴下弹奏音乐。那个人是他为了驱魔而特意找来的乐师"[①]。最后,"他用拉丁

[①] 在后期的布道中,乔瓦·巴蒂斯塔·基耶萨由另外两位桑泰纳的神职人员陪同,即神父唐·维托里奥·内格罗和比亚吉奥·罗马诺,他们都是显赫的乡绅子弟。

语饱含威严地发表公开言论,他说的话连傻子和儿童都懂"。

唐·安东尼奥·费雷里记住了两位在基耶萨的名单上没有出现的"解脱者"(摆脱恶魔附体的病人)。一位是表面看上去正常的女人,她摆脱了她没有意识到的魔鬼附体;另一位是那恩教区神父的妹妹,她本来一条腿有问题,驱魔之后可以丢开拐棍独立行走了。

住在艾拉斯卡的那恩助理神父唐·乔瓦·洛伦佐·考达,出于好奇心想试下他的耳聋是否能治好。在去都灵的途中他顺便拜访了基耶萨。42岁的他并不富裕(他的财产价值两千里拉),他让基耶萨给他驱魔,看是否能消除他的听力障碍,基耶萨照他的意思做了。然而,考达的证词是模棱两可的。像往常有听力障碍的案例一样,在出示证词的过程中他自相矛盾。之后他否认他有耳聋,并声称不管他所在教区居民怎样认为,"我一向而且现在都是很健康的"。

瓦尔瓦拉的教区神父唐·加斯帕尔·加里斯也给出了他的证词,他没有立即动身来到那恩,但是他教区一些患有种种疾病的居民去了。"据我所知,尽管他们中的一些人从那个地方回来之后宣称自己病情有了很大好转,但是他们绝大多数至今还受到先前病痛的困扰。"然而,数日后,基耶萨回到那恩,这一次加里斯亲自前去看个究竟("受好奇心的驱使")。"很多人"聚集到公开驱魔场地中来。在那种情形之下,基耶萨"当众说道,上帝把人类造得很完美,是魔鬼和恶灵破坏了人类的完美。大多数受疾病困扰的人——尤其是长期受病痛折磨的人——都是被魔鬼附了身。在一百个死去的人中,有九十个是被魔鬼所杀。那些想要从恶魔的附体中解脱出来的人们,不论身处天涯海角,他们都会来找他。"加里斯的叙述有很多不妥之处,但是,并非完全不可信。这毕竟是一次由审判庭组织的审讯,他的言行——与其他证人相比——要更尴尬难堪,模棱两可。加里斯说"虽然他们智商不高也没有受过教育,但基耶萨仍用拉丁语饱含威严、抑扬顿挫地向他们讲述了关于魔鬼附体的事。另外,就我个人而言,我不赞赏而是嘲讽他的这种行为和说话方式。我对此很不解,但我听到很多在场的人惊叹不已。很多人说基耶萨是个疯子,有些人却对他大加赞赏;而另外一些人则说这个人既不是圣人也不是鬼怪"。加里斯还讲到,基耶萨完成驱魔后,"他与一位乐师一起,开始拉起了小提琴。他告诉所有那些他声称受魔鬼附体而今获得解脱(摆脱魔鬼附体)的人们,他们应该伴着音乐的旋律舞动起来,以向圣安东尼及其他圣徒致敬。他们照做了"。基耶萨还监督用来消除诅咒的传单和印有祈祷文的小纸条的分发,不过实际从事此项工作的是为他们筹钱的一位神父。

加里斯认识基耶萨已经有很长一段时间了,"大约十一年前我们曾一起在都灵学习过……在我看来,那时候他已经有类似的古怪念头了。因为他曾告诉我,他祖上从事过咒语祈福的活动;他们家有一个女佣或什么人,受到了魔鬼附体;他曾发现了一份文书,上面讲他家有位成员着了魔,杀了许多婴儿和牛,这是从一辆马车上出现许多襁褓和牛轭猜测出来的"。审讯之中,并没有对这些进行深入探讨,但是,加里斯比基耶萨小8岁(加里斯32岁),已经是相对富有的人,因为他的财富达到了一万里拉,所以他不太可能对这位桑泰纳的教区神父有太多了解。在文献中找不到关于基耶萨曾在都灵求学的记录。因此,即使他在那里学习过,时间也未必很长。

有很多关于基耶萨的负面看法,但是有一个实质性的问题一直悬而未决,那就是:基耶萨真的进行过治疗吗?格兰皮诺把收集到的信息寄送到都灵,以此为起诉基耶萨的证词。都灵教区最高当局看了这些证词后,决定扩大调查范围,特别是关于基耶萨给动物的驱魔(基耶萨的笔记中未提及)。调查进入一个新的阶段,由副主教彼得·弗朗西斯科·阿帕蒂诺负责,他之前为波伊里诺教区神父并曾在主教巴索手下做事。

9月12日,阿帕蒂诺审讯了他教区的伊曼纽尔·玛路科。玛路科在朋友的建议下,把一匹"怀疑是妖术造成的"患病的马牵到了桑泰纳。那是在7月,"大约圣詹姆斯和圣安妮节前后",由于聚集在基耶萨居所周围的人太多,他等了一天一夜也没有等到基耶萨给那匹马驱魔。第二天,他终于想方设法见到了基耶萨,并让基耶萨检查了他的马。就在那时,这位神父给那匹马下了一道咒语,"他用圣水为它祈福,然后又给它喝了一桶圣水"。他还给玛路科一道用拉丁文书写的祈福符,让他连续八天把符贴在这匹马的脖子上,"但是,看到我的马

第一章 大规模驱魔:1697 年审判

病情没有好转,我就把那道符撕掉了"。基耶萨拒绝接受玛路科给他的钱。①

两天后,阿帕蒂诺审讯了另一个当地农民,他是来自以伊索拉贝拉的巴特鲁姆·费亚。他有一头驴患病。费亚"怀疑这是一种不正常的病",在朋友的建议下,他于 7 月 20 号把病驴带到了桑泰纳。治病流程是一样的:圣水、祈福、写符,但是,结果同样如此,"尽管有所谓的符,我的牲畜至今还没有治好"。基耶萨没有收钱,但费亚还是给了基耶萨的助理一点钱。

第二阶段的聆讯于 11 月 16 日结束,以此得到的证据作为基础,从而起草了对基耶萨的正式诉讼书。审判庭并没有直接起诉,而只限于监督此案并通告罗马。都灵教区的教会法院尝试通过行政手段来解决问题,以免引起公愤和混乱。他们没有确切的案例。此案中似乎没有基耶萨宣扬异端邪说的证据,唯一有问题的是他滥用驱魔术。因此,通过同样的行政手段,教会官员们没收了基耶萨辛辛苦苦记录的有关他所到之处和所接病例的笔记本。从那时起,基耶萨被禁止从事驱魔活动,他也被革除了桑泰纳神父的职务,但是没有过多地被剥夺人身自由。

然而,我们应该及时回过头看一下,档案文件能够告诉我

---

① 文中写道:"看着主耶稣基督的十字架;上帝之子啊,为我们消除瘟疫,消除基督的敌人吧!用基督的五处圣伤,请圣母玛丽亚及彼得、保罗等其他门徒代祷来怜悯我们吧!把你的仆人从魔鬼撒旦的每一次烦恼和侵扰中解救出来吧!阿门!"

们哪些有关基耶萨神父活动的信息。基耶萨的笔记包含姓名、户籍,还有在1697年6月29日至8月15日间他驱魔的539人的病情。通过这个笔记,我们能够追寻其快速转移的地点和日益增多的活动。

基耶萨的布道并不是从他的教区开始而向外扩展的,其方向恰恰相反,仅仅最后阶段才在桑泰纳。笔记本中所作记号之前的活动记录表明,他基本是在其教区(即桑泰纳)之外的社区进行布道的。① 他的笔记帮助我们推测其战略:从5月底开始,他从大本营桑泰纳出发到外面布道。6月底,在位于卡尔马尼奥拉和拉科尼吉之间的平原的村落里,他为20多人驱魔。7月2日到7月7日,在相反方向,即桑泰纳另一面的山里,他在蒙贝洛、蒙塔尔、里瓦和基耶里附近的乡村地区驱魔。他第一次暂停驱魔活动后,我们发现由于受当地镇议会的官方邀请,他在卡尔马尼奥拉停留,后来又去了维拉诺瓦,7月9日他则在阿斯蒂省的费雷雷。仅仅在那一天之后,我们看到桑泰纳的民众中有了首批摆脱恶魔附体的解脱者;也是在那天之后的证词中才开始提到了在其居所周围有人群聚

---

① 基耶萨的工作与地方上的宗教崇拜(regional cult)有点类似——从某地区扩散出去,但仍然不失地方化特质的宗教现象。这样的现象超越了一地的社会藩篱,但却游离于其他各地的社会秩序。这种情况常常发生:主要行动者最先在与自己的社区不一样的附近社区布道,尽管他沿着已存在的社会渠道而行动。见R. P. Werbner, ed., *Regional Cults* (New York: Academic Press, 1977),特别是第九到第三十章。还可以见 V. W. Turner, *Dramas, Fields and Metaphors: Symbolic Action in Human Society* (Ithaca: Cornell University Press, 1974)。然而,特纳的类型学倾向于忽视有歧义的案件,例如手头上的这件案例。

第一章　大规模驱魔：1697年审判

集。7月20日到7月22日之间，他仍在桑泰纳，从此他便把他活动圈子扩大到朝向阿斯蒂省的山丘地区。从7月22日起，我们在阿斯蒂省和维拉弗兰卡找到他的行踪。后来，他回到桑泰纳并在那逗留了三天，这三天里日夜都有来自附近村庄的人群聚集在他的居所。然而，他又立刻出发了，这次的方向是朝皮内罗洛市方向的都灵南部平原。在那里，他作为教区神父的客人，在那恩、艾拉斯卡和斯卡兰奇待了两天，吸引了大量来自周边地区的寻求驱魔或仅仅出于好奇的人们。后来，他仍以这种钟摆式的方式活动，去了阿斯蒂省方向的圣达米亚诺和西斯特纳。之后立即回到了那恩和维诺沃，他在这两个地方待了五天，后来再次动身去圣达米亚诺。8月14日，他在索马里瓦和其出生地塞雷索勒停止了周游。次日，也就是他自由布道的最后一天，他可能去了桑泰纳。在那里，他为来自加西诺镇的四位妇女、来自朗格多克的一个乞丐和来自蒙多维地区的罗卡福尔特市的一乡绅驱魔。

　　在这所有来来往往的行程当中（可能想营造一种对教会的监视无所畏惧之感，也可能是为更广泛地传播其布道所制定的策略），他记录了得到"解救"的270位女性和261位男性（其他8位性别不定），他们都来自于基耶萨自己教区周围零星分布的村落。然而，关键一点是他从来没有直接到过临近桑泰纳的村子，他活动的圈子包括瓦尔瓦拉（5次驱魔）、艾拉斯卡（6次）、那恩（23次）、维诺沃（12次）、卡尔马尼奥拉（30次）、拉科尼吉（6次）、卡拉玛加纳（2次）、索马里瓦（22次）、塞雷索勒(5次)、蒙塔(9次)、西斯特纳(8次)、圣达米亚诺(24次)、维拉弗兰卡(7次)、波伊里诺(6次)、费雷雷(10次)、维拉诺瓦(20次)、里瓦(18次)、蒙贝洛(15次)、蒙塔尔(16次)、皮诺(6次)、佩赛托(7次)、蒙卡列里(15次)、特罗法雷洛(5次)和基耶里(50次)等。在桑泰纳、维拉斯泰洛和坎比亚诺,即这个圈子的中心地区,摆脱恶魔控制而得到"解救"的人数所占的比例很小,人数分别为27个、10个和8个。

乍一看,寻求这种驱魔的人并没有特殊的社会性特征。富人和穷人,乞丐和农民,他们都去找基耶萨。随着基耶萨驱魔活动日益遭到镇压和隔离,此事匆匆而起,匆匆落幕,似乎避免了在基耶萨的追随者中出现任何一种社会两极分化。然而,他自己讲述了在7月随他去都灵的乞丐和瘸子组成的人群。这好像不仅仅为他的解释增添了戏剧性:特别是对于那些显贵来说,在基耶萨活动的第一阶段去找他与在基耶萨第一次被捕之后给予他支持是两码事。他第一次被捕时,大众不顾大主教的斥责公然高姿态地支持基耶萨。正如我们将要看到的那样,关于这一更长时段更充分的分析表明:不同团体的地位有着确切的含义并且能够被测定出来。诚然,找不到整个村庄全部参与的事例。从各个教区神父在法庭上的不同证词来看,似乎与基耶萨所拜访的教区对他的欢迎自相矛盾。相反,通过纵横交错于当地的友情和交情,口耳相传,才使得基耶萨声名远扬。这些被驱魔的人群如马赛克般呈现为受尽暴力和风湿、疾病、疯狂和麻痹、失聪以及失明之苦。他们所

第一章 大规模驱魔：1697年审判

呈现的场景，与其说是证实不如说是证伪了这个农民社会的结构。在基耶萨活动的主要时期，没有迹象表明作为新体制之种子的地方化礼节或组织正在慢慢形成。每个人采取行动，动用他们的人脉。没有新的社会统一体建立起来以超越无处不在但薄弱的基督教兄弟情怀。我努力去证明：即使象征性的再现和两极化的社会现实之间没有对应关系，主要当事人的行为模式，在当地爆发的对抗恶魔的远古之战中，与一种充满激情和冲突的基本情境相关，这些激情和冲突乃是经过多年的酝酿发展，并非挟一种新的宗教崇拜的浪潮而来。

那些困扰人们多年的疾病使他们最终只能求助于驱魔师。但他们并没有详细描述这些疾病，只是大致地说出自己是如何被治愈的。我们不清楚其中98人患的是什么疾病，另外的225人也只是大概地说"受到咒语的控制""受到恶魔的诅咒"或者"受到魔咒的侵袭"。在剩下的216人中，其中的109人是跛子、瘫痪者、全身僵硬者、四肢残废者或患有坐骨神经痛的人，另外1人得疥疮，18人是瞎子，13人是聋子，5人得肺痨，10人患水肿，4人患癫痫，9人的腿部或手臂有肿块，8人有痛风，3人脾痛，4人胃痛，3人患结巴或失声，2人有肾脏问题，其中有20人患的疾病不知名称，最后还有2人有枪伤——所有的这些病痛在受到基耶萨神父的驱魔后都有明显的缓解。只有少数一部分人在症状缓解的同时，也留下了某种后遗症。笔记进一步解释道，有人在驱除身体诅咒之前，已经被恶魔的魔咒困扰了三十年之久，甚至差点双目失明。

有一些病人四肢残缺,之前只能依靠拐杖走路,但没有人想过要询问他们的意见,似乎向他们获得证据是不可想象的事情,他们是居无定所的流民。正是因为这个缘故,法庭没有征求他们的意见,除了对一个名叫安娜·玛丽亚·布吕埃拉的人进行调查之外。乔瓦·巴蒂斯塔·基耶萨在努力搜集能被人接受的治疗证据时,也没有把这些人列入证据范围,但其实当初他们中的一些人组成了护卫队来保护第一次被捕后的基耶萨而且还围攻了教堂,这使得巴索主教和教会当局都为之震惊。

在8月16日大主教决定采取行动之前,基耶萨一定已经意识到他布道之风险以及他在教区范围的影响有限,因为此前已有这方面的迹象。事实上,到8月7日基耶萨已经搜集到足够证据来证明在过去一段时间内他所治愈的病例,并且还不遗余力地拿去公证。"希望当面呈现在法官面前,不管是教会组织还是非宗教机构。"他最先到达卡斯塔尼市,在那他希望彼得·巴尔比斯——一个来自皮内罗洛市、未受过教育的农民,能答应他出庭作证,这些都是他在圣达米亚诺市郊的前一天发生的。这位农民在公证员安东尼奥·卡恩面前发誓,基耶萨曾经为他治疗过。"我的腰部无力已经有三十年了,并且在过去的六年里,需要拐杖才能勉强走路。"自从被基耶萨治疗后,他竟然不需要东西支撑便可以行动自如。为了使这位农民的证词更有说服力,还有另外两名神父唐·保罗·弗朗西斯·阿迪卓恩和唐·约瑟夫·安东尼奥·瓦尔萨尼亚证明他们当时都在场。

以上只是基耶萨在圣母升天节前的一段序曲。在接下来的一段时间,他以半公开的形式依次表明了他的证据。因为人们被明确告知,他在作证期间不会露面。另外基耶萨的弟弟加布里埃尔为了提供更多的证据来证明哥哥的清白,亲自跑到乡间去寻找最有价值的证人。

10月13日,公证员弗朗西斯·约瑟夫·莫利纳收到来自基耶里的两名药师的信。信中提到,在基耶萨的要求下,其中一位名叫约瑟夫·马修·蒙特法米里奥的先生说"有两个刚出生的女婴,此前病得非常严重,种种迹象表明她们受到了诅咒,来探望的人也都这么讲,"最后他请来了基耶萨才"解救"了她们。

另一个证人是药师乔瓦尼·安东尼奥·卡纳韦塞。他说道,"3月初的时候,唐·巴萨泽·费纳内拉先生病入膏肓,(我了解到)在之前很长一段时间内有很多医生都为他治疗过,并且让他服用各种不同的药,最后准备送到我的诊所里,但是收效甚微,于是我怀疑他受到恶魔的诅咒"。基耶萨被请来后,费纳内拉先生竟然神奇地康复了。

其他证据不断地涌来。在7月份,基耶萨还治好了乔瓦尼·安德烈·鲁沙的儿子,奥拉齐奥·布里利和乔瓦尼·托马索·莫利纳罗的女儿以及西尼奥拉·玛格丽塔·帕斯托拉先生。他们都说基耶萨拒绝接受报酬。卡纳韦塞说:"看到他所经历的磨难,我试图给他一些银币,但是基耶萨先生都不接受,并且对于我的馈赠表示愤慨,他告诉我:他的工作并不是为了敛财,而纯粹是出于仁爱之心,是在上帝的伟大光芒指引下为人们做这些好事。"

10月20日到23日,加布里埃尔为了搜集几位有名望之人的证据而来到索马里瓦。其中律师托马索·盖尔西曾经带他的儿子巴蒂斯塔·盖尔西去找基耶萨,因为这孩子有整整三天吃不下奶。"经基耶萨治疗后,我儿子慢慢好转,且能吃奶,到了第二天他的肠胃便畅通了。"这个孩子又因为"左臂动不了",基耶萨帮他成功驱魔,最终成为基耶萨治愈的病患。

不过,在索马里瓦,我们发现基耶萨救治的都是相互有血缘关系的大家族的成员。很有修养的卡洛·弗朗西斯·阿拉斯亚先生,就是小巴蒂斯塔·盖尔西的舅舅。他把基耶萨请过来,并让他住在自己家为妻子治疗——"其他的教士认为她是中邪了"。还是在索马里瓦,基耶萨治好了安德烈·贝托正在发烧的妻子爱丽丝以及患有肾病的玛丽亚·卡塔琳娜·罗恰。每一次基耶萨都拒绝接受别人的报酬。

就在同一天,也就是10月23日,加布里埃尔来到了皮埃蒙特的斯塔尼奥。迈克尔·皮纳尔多告诉加布里埃尔8月6日至7日基耶萨治好了他的病:"我的整个右脚那时已经完全肿起来了,疼痛难忍,我甚至不能站起来骑到马背上……之前为了我的脚请了很多外科医生,但是有两位医生甚至连我得的是什么病都不清楚,还告诉我最佳办法是把右脚锯掉,如果这样的话我今天就成了一个瘸子。"基耶萨"发现我中了诅咒

第一章 大规模驱魔:1697年审判

并成功为我驱魔,把我从恶魔附体中解救出来,之后我毫无困难地回到了家里"。

8月15日,基耶萨被责令停止所有活动——无论是合法还是不合法的——但是他并没有被捕。基耶萨回到桑泰纳,和他的一个姐姐同住在教区里。普里奥雷·布龙齐尼是无居留义务的教区神父。在1689年9月5日他代替基耶萨执行了公务。基耶萨再次回到桑泰纳后,在8月20日、28日以及9月2日这三天分别为3名教民主持了葬礼。但是从10月10日以后,在布龙齐尼的安排下,他的职务被神父乔瓦尼·加斯帕尔·阿斯蒂所取代。

毫无疑问,布龙齐尼害怕事情有所反复,于是派他外甥乔瓦尼·安德烈·安布罗西尼以检查教区住宅条件为借口前往桑泰纳,而实际上是去寻找基耶萨。"我发现只有他姐姐在家,"安布罗西尼事后在一份证明中说道,"从她那里,我打听到有关基耶萨的一些消息,他出门已经八天了,他姐姐也不知道他到底在哪,她听说好像在卡纳莱,但是其他人又说在西斯特纳附近。"

年轻的安布罗西尼继续他的寻找,在他的努力下我们知道基耶萨最后的活动——通过把自己置于主教阿斯蒂的名义保护下——在一群追随者的簇拥下,展示他非凡的天赋,继续驱魔活动。"礼拜六,那天正是门徒节,又有一大群人恳求基耶萨给他们帮助(我听说因为主教阿斯蒂在此地做正式访问,而恰巧基耶萨也正和卡纳莱的神父在卡斯塔尼,因此人们都跑到这里来)……基耶萨于是当着主教和神父的面开始他的驱魔活动。"当然基耶萨意识到这是他最后的机会,"正是出于对上帝的无比忠诚,他希望在上帝力量的帮助下,能治愈所有的人……他对每人都强调是上帝治好了他们"。

主教并没有干扰治疗过程,他只是在其他神父的陪同下,作为旁观者在一旁观看,然后主教和神父进行了简短商量后,他们最后决定"禁止基耶萨在他们的教区内进行布道,这和都灵主教下的禁令是一样的"。最后,基耶萨在卡纳莱的神父的陪同下,只得又回到了在桑泰纳的家。但是他的名声依然显赫,"很确切地说,在桑泰纳和坎比亚诺这两个地方,他治愈了很多瘸子,创造了很多不大可能出现的奇迹"。安布罗西尼最后总结说。

当加布里埃尔(基耶萨的弟弟)正在为审判收集辩护材料的时候,巴索主教在莱奥内蒂的协助下,已于11月16日开始了对基耶萨的审问。那时基耶萨已被处以100里拉的罚金,但并没有证据显示他被囚禁起来了。

基耶萨被详细调查的问题是关于《驱魔手册》以及另外两页关于解咒的手写便笺。但令人遗憾的是,现在该手册和那两页纸在审判的档案材料里都找不到了,剩下的一些材料包括了从6月29日到8月15日的15页手写稿。这些内容我们已经看过,手写稿中只有一小部分是直接由基耶萨写的,其他大部分是由他的两个最亲密的合作者唐·维托里奥·内格罗和神父比亚吉奥·罗马诺所写。

基耶萨首先讲述他的个人历史:他的父亲是朱利·恺撒·基耶萨,但是好几年前就去世了。基耶萨来自桑泰纳,"但实际上是在塞雷索勒出生的";他今年40岁,在桑泰纳地区当神父已有十年了。他没有任何头衔,但实际上"掌副主教之职",因为住在基耶里和都灵的主教布龙齐尼有名无实。基耶萨继续说道,在1689年9月5日,他接受宗教会议调查者的审核,随后收到大主教的信件,信中任命他为副主教。基耶萨的祖先中没有一个是驱魔者,"我们家族中也没有一个人是魔咒的受害者",但是大约两三年前,他开始对高烧者施以祝福的咒语,以罗马仪式中描写的方式进行,"令人惊奇的是那些人竟然告诉我,他们的烧已经退了,就这样消息一传十,十传百,越来越多的人聚集过来"。有一天,一个中魔的年轻女子找到他,先前她已经在基耶里找人驱魔但是无效,最后他竟然成功驱魔。这件事促使他去学习如何解咒。"有一位在坎比亚诺工作的年轻人找我为他解咒,治疗他的高烧,我并不知道他的姓名,但是我得知他与坎比亚诺的已故修道长普里奥雷·皮斯托诺相识。于是我请他帮忙从修道长的后人手上借一本关于驱魔的书,因为那位修道长是一位德高望重的驱魔师。结果年轻人为我找来了我所说的这本《驱魔手册》。接下来的9到10个月里,我都一直在研究这本书,并开始为我的教民驱魔。尽管没有从我的主教那得到允许驱魔的证书,但是依照手册上所说的神父信条(Parochus tenetur),似乎我是能够那么做的,甚至我是有义务这么做的。"

基耶萨的审讯者很快便问到证据中所列举的那些人"是否后来得到解救了,你是否知道他们现在的情况如何"。他答道,"我相信那些信仰上帝的人最终会得到解救……如果有人依然被魔咒困扰,那是因为他们对上帝没有应有的忠诚"。

基耶萨的辩辞可以分为三点。首先,他所使用的规则以及他"提到的"驱魔方法和贴在动物颈项上的手写祈福符,都与手册上的规定是一致的。他挂着拐杖说道:"快扶着我,我太虚弱都快站不起来了。"提到小提琴,他说:"如果我拉小提琴,绝对是因为我的爱好,对于其他乐器也是一样的。事实上,在我的房里,没有这类东西。"人类学家通常把音乐作为驱魔中的典型要素。对这一点基耶萨和法官们似乎都没有考虑。

其次,基耶萨强调他并没有以此来敛财:"我从来没有因为给别人驱魔而接受钱财,做这件事纯粹出于仁爱之心;并且作为一名教区神父,我认为是有这个责任的……我的目的和教区神父的目的是一致的。我从来没有收取任何回报,因为我告诉他们,我从他们那里得到了上帝的爱。"

最后的指控是关于他违背主教那两封信所说的禁令一事。基耶萨回答说他一直都在努力遵守命令,甚至他8月份离开桑泰纳就是"为了躲避如此众多的聚集在那等待他驱魔的人"。

辩辞有很多,但是作为证据,有些辩辞过于牵强而且令人费解。可是基耶萨似乎并不愿意在法庭上据理力争,也不试

第一章 大规模驱魔：1697 年审判

图去说服任何人。他只是希望能把他所受的惩罚降到最低程度。"我并不希望获得荣誉和掌声，"他说，"或者让别人认为我是一个高尚的人，我所做的一切都是出于仁爱之心。我认为自己是一个有罪的人，人们必须向上帝忏悔并忠诚地信仰上帝，只有这样才有可能得到解脱；如果我犯了错误，我会去请求上帝的原谅。"

三天以后，基耶萨被召来核实他的证据。他补充道，在都灵结束了第一次调查审问之后，主教曾单独"会见我并下令继续我的活动，为那些需要帮助的人施以关爱，结果我听从了这个建议"。

这是我们得到的基耶萨最后的只言片语：档案文件里没有判决书，如果确实有正式判决的话。诉讼案件登记簿（Registra Causarum）、判决登记簿（Registra Sententiarum）和大主教文件再也没有提起他；在桑泰纳和他的出生地塞雷索勒以及他那当神父的伯父的居住地保尔格罗的公证档案和教区记录里也找不到关于他的记录。在他的姐姐维多利亚和姐夫卡洛·弗朗西斯科·马西亚医生所居住的马丁内戈、他的神父朋友居住地卡纳莱，以及他的另一位弟弟弗朗西斯科·毛里齐奥再婚后的住地都灵，也打听不到关于他的任何消息。基耶萨结束了他的活动后，到了某个无人认识他的村庄，或许在那我们还能有幸找到一些关于他的消息。我们不知道他是什么时候去世的，后来干了些什么，也不知道他又与哪些人保持联系。我们知晓的只是他的前半生：他是谁，他从哪来，他的家人和朋友有哪些，为什么他从事了这项职业并且还有一大群跟随者。

在17世纪的乡村地区，类似基耶萨的例子很常见。基耶萨的例子之所以引人注目，是因为在记录下来的治疗过程中他那一丝不苟的敬业精神。这些记录为我们提供了描绘基耶萨相关活动的全貌，其中包括他的名字、出生地以及农民得病的情况。我尽量让事实说话，避免一些不必要的假设或者掺入我的主观评论：就是这样一个故事，为我们随后分析桑泰纳的社会生活提供了基础。另外一些因素也会进入我们的分析当中，还有一些经常发生的文化现象也会被补充进来。

对一个事实的简单分析会帮助我们了解整件事情的完整结构，并且使我们在一片迷雾当中看到一些行为的具体本质，学会更全面地看待问题。但是不管怎样，我们还是能从基耶萨的布道和农民的极大热情这两者的关系中做出一些新猜测。

关于健康和疾病的概念已经随着时间的推移改变了很多，就如同先前对于正常或不正常身体状态了解很有限，对于医学领域定义的无知，其情况如今有了剧烈改变一样。从某种事实来看，文化与文化之间是有差异的，关于医学的概念也与宗教方面都有联系。

这在基耶萨的例子上也是说得通的，我们需要弄清楚那些簇拥着基耶萨走过一个又一个村庄的农民身上聚集的悲哀、疾病以及背后的深刻原因。将今昔判然对立，或者将如今

第一章 大规模驱魔:1697 年审判

颇为优化的环境和工业社会以前不可预知的自然环境两相对比,让人们更倾向进化论的观点,而对于疾病原因的不同解释和非线性的理解都非常迟钝。因此区分个人病因说和自然病因说,同时把社会的各个层面都加以解释,是更合理的,尽管随着时间的流逝,社会种族和地区的不同以及对各种复杂原因的理解不同,侧重点也会有所不同。

如果从个人病因说(我们指文化)的体系角度来讲,人们相信疾病是意识层面的原因(例如神灵、超自然力或人类)所致,在不同程度上受到某种力量作用,于是患病的人被看成是被攻击的对象(有时是来自自身的攻击),并且是对个人的惩罚。所以这些学说体系不仅仅考虑疾病如何产生,与谁病了、为什么生病也有联系。而在自然病因说的体系中,疾病用非人格化的专业术语来解释,被解释成身体的某个部分失序或是被打破了平衡,而且打破的原因也完全是由专业术语来解释。[1]

很显然,以上关于两大体系的解释还是一种抽象化。在现实生活中,病理模型通常是受以上两方面因素的共同影响,而在某种程度上显示出的差异,则不仅仅是因为文化和时间不同的影响,还和不同民族的思维习惯和个人生活的环境有

---

[1] 在 G. M. Forster 和 B. G. Anderson 的 *Medical Anthropology* (New York: Wiley,1978)中做了这样的区分。在 P. Worsley 的"Non - Western Medical Systems", *Annual Review of Anthropology* 2(1982):315 - 48 重复和讨论了这个区别。还可以见 D. Landy,ed., *Culture, Disease and Healing: Studies in Medical Anthropology*(London: Macmillan,1977); J. B. Loudon, ed., *Social Anthropology and Medicine* (New York: Academic Press,1977)。

关系。多原因系统中超自然因素的消失，个人病因说对无意识作用的强调，还有科学的自然倾向性和基于常识的个人陈述之间日益加剧的矛盾，皆不曾改变这一模型的合法性。这一模型给予疾病的多重病因以更多倚重，不是尽量从科学的规则来考虑，而是更强调从个人模式到自然模式的改变。①

这些解释更多是为了在连续的模式中简化其中的不可确定性，而不是使其复杂化。当我们从医学的专业知识转到病因的可接受度以及对病情的因果解释，就不难发现基耶萨布道为什么会如此成功。在这些地区，其他治疗师也在布道、治疗因自然力或超自然力引起的疾病。我们不能只把基耶萨在那些人生地不熟之地所获得的成功归因于：他治愈了病人或他让投医无望的病人重拾希望。同样，也不可能将此突发现象化约为常态下的主流文化。

事实上，主导人们对干预和治疗可能性的态度的，是被认作疾病原因之范围的扩大或收窄。人们不仅对医疗技术和医疗工作者有不同定义，而且对医治疗效及某类治疗师的社会权威有着普遍的安全感和信赖，这是千真万确的。把疾病归因于按非层级排列的多种可能原因（社会关系、自然力或者超自然力）大大不同于把它归因于单一的原因或按有序的层级排列的可能原因。

---

① 尽管有众多研究，特别为了尊重 K. Thomas 的结论，我摘录了他的经典著作 *Religion and the Decline of Magic*(London : Weidelfeld and Nicolson ,1974)。该书呈现了我在这里想避而不谈的进化趋势。

第一章 大规模驱魔:1697年审判

自然病因说与个体病因说的不同可看做因果结构在形式上的不同。① 自然病因说遵循一个简单的图式。

自然→破坏的平衡→疾病

个体病因说则有多个原因:

我的第一个结论是,尽管基耶萨采纳个体病因说的语言和解释,但他重点强调人们患病的唯一原因(据统计,每100例中有90例),这与自然病因说中单一原因的形式结构差不多。他摒弃了社会上普遍流行的多重病因说,这是他观点新颖之处,也是他成功的原因。

桑泰纳在17世纪最后十年有一段困难时期,不断被战争及战争的善后问题弄得疲惫不堪。② 由于战争的破坏,谷物和葡萄的收成大大减少,这也导致人口死亡率的上升。新的不稳定因素和对公共关系控制的减少导致了社会和心理危机。

---

① 见 R. Horton, "African Traditional Thought and Western Science," *Africa* 37 (1967): 50 - 71 和 155 - 87 (特别是 169 - 70); 还有 L. Wittgenstein, *On Certainty*, ed., G. E. M. Anscombe 和 G. H. von Wright, tr. D. Paul 和 G. E. M. Anscombe (Oxford: Blackwell,1969; New York: Harper and Row,1972)。

② 在1690年到1696年间,皮埃蒙特大区与西班牙和其他大联盟国家并肩作战,为反法战争所蹂躏。

事情变得难以预料,人们对于控制形势和行为力不从心。在整个农村焦虑的气氛中,面对迄今未知的原因,基耶萨提出的是简化,多个原因模式被单个原因模式所取代。基耶萨作为教区神父,借助权威布道,不使用抽象理论。

我的意思并不是说理论解释本质上等同于追求复杂下的简化,不规则中的规则,异常事物中的常规。这肯定不是普遍法则。事实上,我不想排除这样的可能性:过度的秩序化或简化在某些情况下意味着无序和复杂化倒更为可取。不过在本书这个实例中,我们看到的不是病因的正常多元化,而是来自不确定性的焦虑之增加。概而言之,越过因果可能性范围的那些焦虑潜滋暗长,营造出一种氛围,强烈"欢迎"将病因"等级化"或简化的做法。

因此用魔法解释病因之风气的逐渐消失是由于医学知识的提高,这种看法并不准确。桑泰纳的案例表明,至少在意识形态水平上,在自然和超自然治疗过程中,意识与身体的相互强化是并存的,不仅在意识与身体混为一体的阶段如是,在全新的理性主义医学宇宙观下兴起的自然解释中亦复如是。这个问题本身很有意思。它也使我们再度回眸新医学那据说完满而毫无挑战的传播。学者们如此经常地将这一过程与技术变化联系在一起,但本书案例则让我们发现该过程更为曲折。

基耶萨总共收集的22个治愈实例,全部都是高度程式化的,几乎出现于全部治愈案例中的都是"病人到处求医问药,

第一章 大规模驱魔:1697 年审判

但病情不见好转",于是才向驱魔师求救,通常如医师约瑟夫·马修·蒙特法米里奥、乔瓦尼·安东尼奥·卡纳韦塞和乔瓦尼·安东尼奥·泰西奥等与医药职业相关的人建议病人去找驱魔师,前提是如果医药不能将他们治好(如果我们承认医学与驱魔术有区别,同样17世纪的农民也会这么认为)。

它的一个重要影响是超自然的假设减轻了医药科学的责任。这是医师的不寻常诊断,他们拥有非常高的社会地位(如我们即将看到在桑泰纳的泰西奥和卡斯塔尼亚家族案例)。医学与驱魔术之间没有冲突,至少在农民和城市居民的日常实践中,只有一种强烈而自成辩护的一体感。

另一个极端重要的方面在于,多重病因的出现使得不可治愈疾病的概念难以被接受。这导致了对原因和解释无止尽的搜索,强化了疾病与内疚,自然与超自然,身体与灵魂的重叠交错。

埃文斯—普里查德对类似问题的分析,被格鲁克曼、特纳等其他人类学家当作他们解释巫术和医药的基础。埃文斯—普里查德把阿赞德民族对巫术的理念解释为一种因果理论,即一种责任归因与不断的因果解释机制。①

我们面前的案例中,身体疾病一直被看做一个框架,该框架不是自然框架,而是宇宙框架。在大多数情况下,超自然的

---

① E. E. Evans – Pritchard, *Witchcraft, Oracles and Magic among the Azande* (Oxford: Clarendon Press,1937),96 – 115; M. Gluckman, "Moral Crises: Magical and Secular Solutions," M. Gluckman, ed., *The Allocation of Responsibility* (Manchester: Manchester University Press,1972),1 – 50; V. W. Turner, *Schism and Continuity in an African Society* (Manchester: Manchester University Press,1957).

解释只存在于自然解释不能运用时,当疾病到达生死极限时。这里,正如埃文斯—普里查德分析的那样,治疗过程是互补的。当一种医疗过程无效时,会导致另一种医疗方法。

然而在别的情况下则全然不同,尤其是因为在17世纪的桑泰纳,即便家族关系和社会关系的恶化被视为可能的但不由自主的致病原因时,魔鬼附身之说也并非盛行。在这段时期,恶灵说失去了市场,人的罪责是更为被强调的。基耶萨也是向这个方向行动的。他不是寻找纠缠不休的恶灵,而是走向极致,转而为疾病寻找一种纯粹的、独一无二的形而上学原因。他顶多将疾病归因于人的原罪般存在。我们与心中的恶魔斗争,这是疾病的起源。

更进一步讲,治疗效率(可能确实很难去评估)并不是问题所在。乔瓦·巴蒂斯塔·基耶萨无论到哪都享有盛名。他穿行于一个充满疾病、衣食不足以及身体与心灵残疾的社会中,为人们驱魔。换句话说,这一时期的特殊性在于有两种疾病健康体系共存,伴随着的是对混乱、多样的原因的描述。这些原因不是融合在既有魔幻又有宗教的大自然的共同前提基础上。基耶萨的解释为我们更清楚地定义了已出现于17世纪末皮埃蒙特的乡村地区的一种可解释性层次。魔力、驱魔术、神迹治愈了那些医学上无能为力的疾病,在这种意义上它们定义着医学的有限性,巩固了医学并把医学上的无能为力归因于疾病的形而上起源,而不是技术或理论错误乃至个人能力不足。因此,医学的具体功能很大程度上无需证明。医药科学从失败到发展、繁荣以

第一章 大规模驱魔：1697年审判

及被接受，条件是医学承认它自身力量的局限性。如果医药的有限性被误判，应归罪于医学，正如我们所看到的迈克尔·皮纳尔多讽刺地被告知要截肢一事。

个体病因说的一个特殊方面，反映在这一问题中：为什么疾病会找上我？现如今我们从自己身体之虚弱上找原因，因而在自然病因说大行其道的文化中，上述问题并没有那么重要，而在古代的农民社会却大为不同，它始终位于自我质疑的中心。邪恶诅咒可以给人一种解释，如果我们想到那些求助于基耶萨的驱魔来摆脱瘫痪、跛足和眼盲的人们，很明显这个问题最令他们头疼。不过，还有一些找基耶萨看病的人做出了自己无法解释的行为，或是被厄运击中。这些不幸的人想要的不仅是病愈（有时甚至不是"病愈"），他们还要求"完全的解救"。例如8月5日菲利波·伯特从那恩来看基耶萨，他"在膝盖上有一个肿瘤，并且在一年前向他妻子开枪"，这两个细节证明了此人需求的是"解救"。还有8月15日，来自蒙多维市附近的罗卡福尔特的多梅尼科·吉亚尼，中了诅咒，一年前被枪射到。同一天来找基耶萨的古列尔莫·达拉布在朗格多克被枪射到，现在还是个跛子。从何处解救？肯定不是从伤口或受伤疤中，而是从魔鬼处得到解救。

这解释了为什么基耶萨不是在每一个病例里都附上该病人的哪部分身体遭折磨。225个病例有魔鬼附体的指征，98个病例并无此类指征，这有其他解释。恶疾通常被认为治愈了。即便有时候，也许是经常，治疗过程留下了不可逆转的身体痕迹,但疾病原因找到了。治疗过程绝非奇迹,但治疗效果如此有效,故而成百上千的病患蜂拥向基耶萨求救。

人当然是有原罪的,但基耶萨之所以成功绝不在于他对疾病的解释易于被接受。敌人全然是外在的。基耶萨非理性地给予疾病一定程度的自我辩护,使得找内部原因不再必须。宣扬此种观念,会让教会当局视为极度危险。这就是为什么同一乡村区域出现过很多驱魔师的身影,他们关于罪责和忏悔的声音更响亮,但只有基耶萨被完全"清除"的原因所在。

实际上,其他驱魔师也在同一时期、同一地点工作着(基耶里的乡村地区),为基耶萨的辩护而收集到的一些证词中提过至少两件神迹。

首先,在基耶里的圣母安农齐亚塔教堂供奉有圣母像。在医生放弃所有希望时,并宣布无药可治时,圣母奇迹地使病人康复。1655年之后的神迹没有详细记录,虽然圣母一如既往地得到那些来顶礼膜拜她的形象的人们的青睐。这几处地方都属于基耶萨所深入的非常偏远的乡村。①

更有意思的是阿戈斯蒂诺·博内洛神父,他治愈了不少人的疾病。② 1673年他逝世后,至少直到18世纪初,阿戈斯蒂诺·博内洛神父居然在身后继续为人驱魔,他的会众搜集

---

① T. Care, *Notizie istoriche della miracolosa immagine della Beat*(issi) ma *Vergine dell'Annunciazione venerata nella sua Chiesa Città di Chieri* (Chieri, 1753).

② 关于阿戈斯蒂诺·博内洛神父,见 G. Marciano, *Memorie Historiche della Congregatione dell'Oratorio nelle quali si dà ragguaglio della fondazione di ciascheduna della Congregation fin' hora erette e de' soggetti più cospicui che in esse hanno fiorito*, 5 vols. (Naples: De Bonis, 1702), 5:341 – 54。

了100项授福证明①。让医生束手无策的许多病患,特别是女性,被治好。他所穿过的衣服和他垂危时擦拭眉间的手帕,有助于妊娠并确保母乳供应。

不过,这些神迹与乔瓦·巴蒂斯塔·基耶萨的驱魔术不相关。神迹更多是对信仰的一种回报,而不是摆脱恶魔附体的一种解救。以吊诡的方式,它们也许可以提出一种更有持久性并流传至今的因果模式。它们与自然病因说并存,虽然不是与导致疾病的恶魔直接斗争。确切地说,它们依靠那些能充当人类的保护者的超自然存在,为了帮助受苦受难的人而打乱事物的自然秩序。

到目前为止,上述考虑仅仅只是假设,桑泰纳农民的更大文化系统仍然有待阐明,这就意味着基耶萨事件的重要性留待下文揭开。我们要做的是对社会现实更进一步的研究,包括桑泰纳教区的农民、乡绅、封建领主以及各种关系网。对安全感的相互追寻,促成了乔瓦·巴蒂斯塔·基耶萨的成功,虽然我们了解到这一追寻和一种简单但颇具创新的布道相关联,但是追寻到的安全感并非来源自消极的墨守成规。正如我们在基耶萨事件中看到的,将世界进行简化以及使它变得更可预测,必然与统治日常行为的态度有着千丝万缕的联系。从文献角度来看,要从两个特别果实累累的领域,即家庭组织及人类同土地的关系,寻求这种联系的实证。

---

① AAT, XⅦ.3, *San Filippo do Chieri*, mazzo 2, *Attestazioni su santità del padre Agostino Borello*.

第二章　三个家族史:家族势力范围

17世纪桑泰纳村民的档案信息大量保存了下来。我的档案卡上有按名字排列的32000条记录,自1672至1709年期间生活在此的每一个人平均都被提及20多次。① 这些数据分布很不均匀,因为这取决于每个人在公共场合露面的情况。

---

① 在1610年后,萨沃伊公爵的公国发生了两次一系列的公证行为。一次是记录簿(*minutari*)中的公证,另一次是备案地点(*insinuazione*)的收集和布置。因此我们有充足的关于公证行为的储备。Insinuazione是当前重构集体传记的主要文献出处。这些关于1672年至1709年间下列地方的文件被审议:桑泰纳、基耶里、坎比亚诺、维拉斯泰洛、玛伦提诺、波伊里诺、皮诺、特罗法雷洛、佩赛托、基耶里市的里瓦、安德扎诺(ASCC, *Insinuazione*)。还有塞雷索勒和卡拉玛加纳(AST, sez. Riunite, *Insinuazione*, *Tappa di Carmagnola*);蒙卡列里(同上,*Tappa di Moncalieri*)。用检索查阅只能在都灵的存档中查询到来自桑泰纳的文献名称。其他更零星的文件是关于特定的人和时期,这些文件将发生于1601年至1671年间的其他公证行为作为出发点,尤其是关于桑泰纳和塞雷索勒。我用桑泰纳每个居民的名字建立了文件卡。在每一张卡片上我都写下了所有的可找到的引文,关于人物在交易中,例如作为证人,表现活跃或是不稳定的(暂时的)记录,随后来自其他文件的参考也纳入了这些文件卡片。这是本书重建个人和家庭历史的基础。教区人口记录的空白使得家庭传记的重构必然缺乏完整性。然而,将家庭群体的重构基于社会化更显著的聚合整体、基于家庭内部群体——依据现行的社会网络,通过选择关系而不仅仅是血缘关系来铸造的关系产物——则颇具一些优势。由于不可能讲述文献所记录的所有公证行为,在本书中,我只选择了专门叙述文献中直接引用的公证行为。当这些公证行为发生时,我也会从其他关于重构集体传记的文献来源中引用相关信息。

第二章 三个家族史:家族势力范围

据流传到我们手上的资料显示,这些活动是得到制度认可的,例如见证或发起一次公证行为、教区记录簿上所记录的行为、土地转让以及刑事诉讼的记录等。从整个社会的角度来看,这种档案记录显然很片面。妇女、穷人与儿童是被忽略的,虽然他们常以被动和消极的角色出现,但对其描述还是不够丰满充分。从长远来看,这些档案资料确实已将形形色色的人物呈现在我们面前,足以界定一个社区及其行为模式。此外,当对一群地位卑微的无名小卒展开群像研究时,必须放弃面面俱到的企图。对人物的论述不可超出最翔实、最可靠的这部分史料之外。

如果今天发生的事件是此项研究的焦点,那么我们当然可以通过询问当事人,从而使获取的数据更加系统全面。然而,阅读大量不同类型的、枯燥的文献,与田野调查有异曲同工之妙,更像是我们在桑泰纳中心广场闲逛了二十五年,倾听着每一个家庭发生的故事。于是,大量的本地新闻——出生、死亡、婚嫁、收成、失败与成功,与封建领主的关系,诸如暴风雨等自然灾害和粮食歉收,谋杀伤人以及军队路过——逐渐使我们把目光聚焦在一些特殊个体和特别事件上。这些事件整合在一起的方式意味着选择和策略、激情和犹豫。尽管我们无法控制由传世文献中的时间所产生的机会选择,然而这种偶然选择本身也是更加系统的社会选择的成果。

我们能够知道的关于生活在 17 世纪末的几千人的情况,既取决于偶然,同时也取决于他们当时经历的现实等级化的本质。这些资料有脱漏,存在着模糊和不准确之处,还有一些明显的缺失。这就意味着对事件和人物生平的重构常常必定是印象式的、漫射的,或许是虚构的。当同类的、可供比较的系统数据缺失时,若是我想描述这一小部分人,只能借助那些浩如烟海的零星数据。从每个人的档案中可以得到一些具体资料,但这些资料与我们手头上关于其他个体的资料极不一致。这就意味着阅读者也必须积极地发挥他的想象力。

当我们问到27位被乔瓦·巴蒂斯塔·基耶萨驱过魔的桑泰纳村民是谁时,这一切很快清楚无疑。他们是12位男性和15位女性,其中只有2个人名字前有某种头衔(1位先生是药师,另1位先生住在维拉斯泰洛)。19个人只提到被诅咒施了魔法,2位女性和1位男性患了水肿(他是患有水肿并受到诅咒的这类人之一);另1个人"患肺结核并受到诅咒";1个人脾脏受到诅咒(就是那位药师);1个人的胳膊被施魔法两年了(就是上面提到的另1位先生);1位妇人的一条腿被施了魔法;还有1个住在基耶里的人受到恶魔附体有四年了。由于桑泰纳村民中只有少数人去求助于基耶萨,我们只能了解这少数一部分人的经历或者个体突发事件。但是整体来说,他们使我们能够弄清楚他们生活的文化和社会背景,他们的等级价值观和生活中的一些事件。这足以解释他们的选择,使他们向乔瓦·巴蒂斯塔·基耶萨求助的行为变得可以理解。

桑泰纳,即我们故事展开的中心地点,并非一个独立自治的社区。在17世纪,它缺乏明确的法律地位,这是导致一系

第二章 三个家族史:家族势力范围

列法律冲突的根源。正如我们将看到的,这些法律冲突对于理解当地居民的社会政治策略是如此重要。

桑泰纳位于都灵的东南面,离首府不到 12 英里,距基耶里不到 5 英里,基耶里是菲纳吉奥(纳税区)行政管辖下的一个较大的城。桑泰纳地处微微倾斜的平原上,从农业的角度看,不是耕种的最佳处。桑泰纳正好被两条河道分开——班纳河(波河的一条支流)以及另一条更小的支流特皮克河。两河之间的居住区是桑泰纳人口密集的中心区,有教区教堂以及两侧遥遥相望的塔纳和本索家族的城堡——这两大家族是 17 世纪当地封建领主集团的领袖。许多小村庄和城堡错落有致地分布在桑泰纳周围地带:蓬蒂切利在坎比亚诺的北面,圣萨尔瓦和泰迪阿戈斯蒂尼在波伊里诺的东南面,泰迪布索、布罗利亚和泰迪吉罗在维拉斯泰洛的西南面。

我们难以估算出桑泰纳的人口:教区记录缺乏准确可靠的在册人员信息,财政和军事征税记录存在不少漏洞。整整一个世纪当中,仅两次统计数据是有效的。

1629 年 8 月 20 日,遵照基耶里城法官的指示,桑泰纳地方长官菲利波·弗农为收集"磨谷税"(Consegne delle bocche Per la macina)做了一次挨家挨户的调查。① 这是一种按人口计算的谷物加工税,7 岁以下的儿童应该不算在内。我们获得

---

① ASCC, art.22, par. I,37,*Consegna delle Boche delli Particolari di Santena··· fatta per me sottoscritto Filippo Vernoni nodaro di Poyrino er Podestà d'esso luogo··· li 26 d'Agosto 1629 in virtù d'ordine del signor Giudice di Chieri dellegato, delli 19 di detto Agosto.*

了 60 户人家的记录，其中 6 户是女性当家。只有 1 户家庭被列为贫民，来自外地的租赁农户、本地的贵族家庭、神父很有可能免于征税。表 2-1 显示了家庭规模的分布情况。

表 2-1：1629 年税表中的桑泰纳人口

家庭成员数	家庭数量
1	7
2	13
3	16
4	13
5	4
6	3
7	2
8	
9	1
10	1
总计	60

表 2-1 并没有向我们展示太多的信息，不仅是由于桑泰纳的区域范围没有得到明确的界定、自治行政地位模糊不清，这使得确定哪些家庭和哪些个人参加调查有点难度，而且也因为这次特别的人口普查是在瘟疫发生前几个月进行的。尽管这场瘟疫并没有给桑泰纳带来致命的打击，附近的蒙卡列里和基耶里受灾更为严重，但接踵而来的死亡和人口迁移还是影响到了桑泰纳的人口。

然而，我们手头的文献中没有关于 1631—1661 年这段时期的信息记录。事实上,直到三十年后,1661年1月31日和1662年7月24日,两位公爵才先后敕令进行再次"人口统计",以便要求包括桑泰纳在内的基耶里城77个社区的所有居民支付磨谷税(谷物加工税)。人口普查员似乎并没有遇到太多的问题,因为这是对每个社区人口和家畜的数目统计。只是在桑泰纳,他们没法执行公爵的命令:"那些桑泰纳的特殊居民和常驻居民,"他们在报告中写道,"虽然接到了命令,但他们并不配合调查。"① 这是在基耶里城和乡村之间、地方和国家之间公开冲突的典型事件。关于这个问题我们还会进一步去讨论。此刻只需说,这些勤勉的官员们在桑泰纳统计应缴磨谷税的人数时遭到当地居民的强烈抵抗,所以他们被迫转向以间接方式去统计这个村子的人口。到了1663年,他们对桑泰纳的人口有了一个粗略的统计,他们是通过对临近的坎比亚诺和维拉斯泰洛的地税名册来推算桑泰纳的常住人口的。将这些数据与之前的人口数据比较后(也许是与1629年的人口数据相比),他们得出结论:7岁以上的人口总计为338人,分布于81个家庭里。然而,这些人口普查员过高估计了人口数。因为,他们的统计结果无论是人口数还是家庭单位数,都比三十年前增长了35%;在整个皮埃蒙特大区历经这段长达三十年之久的困难时期之后,桑泰纳的单位家庭人口数居然由3.4人上升到4.2人。无论如何,统计桑泰纳的人

---

① AST, sez. riunite, sez. Ⅲ, art. 531, *Consegna bocche umane*, mazzo C/3, *Consegna prov. Di Chieri*, 1662 – 63.

口数都不是一项简单的任务。都灵主教米歇尔·贝加阿默在同年,即 1663 年,对桑泰纳的教区教堂进行了一次神职访问,但他却没能像在附近的许多教区做的那样,记录下桑泰纳的教友数。①

人口统计数据也没有多大的帮助。教区记事簿②保存不完整,起始记录的时间也太晚。在 1660 年至 1671 年间,每年大概举办 6 桩婚事。仅在 1693 至 1701 年间这个数目有所增长(在 1672 年至 1692 年空白记录之后)。乔瓦·巴蒂斯塔·基耶萨记录的死亡数据非常杂乱无序,我们不能保证这些记录是完整的。在 1689 到 1700 年这段时间死亡率相当高,平均每年记录的死亡数高达 34.1 人。这期间也没有受洗礼的人的记录。因此这样看来,似乎桑泰纳的行政管辖区和教区所管辖的地域范围基本不对应。因为通过皮埃蒙特大区其他地方的结婚率和死亡率来判断,在 17 世纪末,桑泰纳教区居民应该略少于 1000 人。

1728 年,大主教弗朗西斯·加蒂纳拉对桑泰纳进行了神职访问,并试图确定教区教民数。在教会看来,教民大概有 1600 人,其中 1000 人已成年。③ 尽管这只是粗略估计得出的数据,但 37.5% 的人口因年龄太小而不能领圣餐这种说法是

---

① AAT, 7.1.10, fol. 390, *Visitatio Parochialis Santinae*, 10 September 1663. 同样的事发生在 1671 年贝贾托先生的访问期间。(同上。7.1.18, fols. 112ff., 1671 年 10 月 12 日)。

② 它们在 APSSPP。

③ AAT, 7.1.23, fols. 500–513, 1728.10.2.

第二章 三个家族史:家族势力范围

不可能的。然而,桑泰纳人口数量的不确定、客观数据的缺乏、现有信息的稀缺和不准确都与这个村庄的政治、司法管辖的特征是相吻合的。这也是引起我们关注的重要原因。现在我们可以得出结论:在整个 17 世纪和大半个 18 世纪里,在基耶里城的这个村庄出现了明显的人口增长趋势,而城市人口却急速下降——这是棉纺业"危机"的结果,当时棉纺业在整个农村地区兴盛起来。①

桑泰纳的土地不是最好的。虽然它几近平坦,但据 1701 年土地普查,桑泰纳大多数的土地被判定为"第四等耕地"②。最好的土地都被封建领主占有,还有一部分是属于教会用地。只有这样的土地才会被组织成大面积、多作物种植的农场,由租赁农户(massari a colonia parziaria)耕种。干草地非常紧缺,桑泰纳人拥有的干草地大都处在靠近坎比亚诺和维拉斯泰洛的方向。只有布朗格利艾特和布罗利亚两大农场有相对大面积的牧场,这些牧场每年都会租给那些来自昂特拉克的牧羊人,他们游牧到那里,度过漫长的冬季。在这里,葡萄园都在山坡上,但已犁好的被称为"alteno"的平地的葡萄架上也长有

---

① 见 L. Giordano, *L'Università dell'arte del fustagno in Chieri* (Turin, 1893); A. M. Nada Patrone, "Studio introducttivo," 在 *Statuti dell'arte del fustagno in Chieri* 一书中, 由 V. Balbiano di Aramengo (Turin: Deputazione Subalpina di Storia Prtria, 1966) 编辑。然而,却没有关于 17 世纪基耶里棉花产量下滑的研究。最完整的文献资料收集是在 A. Valori 和 A. Gagliardi 写的书 *L'industria del cotone a Chieri tra'600 e'700*, tesi di laurea, Facoltà di Lettere e Filoslfia di Torino, 1982 – 1983 中。

② AST, sez. riunite, Catasto, allegato Ⅰ, mazzo 1, *Villastellone*, July 1701; mazzo 2, *Chieri e Cambiano*, July 1701.

葡萄——这是封建王朝时期皮埃蒙特大区一大常见的农业景观。① 榨出核桃油的核桃树，苹果树，孕育着桑蚕文化（在桑泰纳已广为盛行）的桑树，更多用于木工而非当做柴火的橡树，是每家每户园子里种植的树木。家庭菜园和大麻种植田散布在这片人口密集的村庄，它们虽然占地面积小但地理位置却非常理想。很多桑泰纳家庭在维拉斯泰洛拥有小树林，通常是整个家族的几大分支共同拥有。收获后的木材被用作葡萄桩、木柴以及建筑用材。

要重构当时个人所拥有的财产并不是件容易的事，因为17世纪桑泰纳村民的财产信息被记录在由不同社区所做的各种地籍簿上（地税调查），并由各社区独自记录、保存调查结果。然而，整个画面似乎显示出地理上整齐划一的大面积农场和大量分散的小块土地的两极对立。无论是从农场面积，还是从土地质量方面来看，除了属于达官贵人的大片土地和农民可维持生计的小块土地，不存在介于两者之间的中等土地。实际上，这两个阶层之间几乎没有土地交易。我们将会看到，当土地在买卖时，它们是从属于两种不同的逻辑，基本上就像是完全不同性质的东西在做交换。1682年，在桑泰纳，本索家族拥有337乔纳塔的土地，塔纳家族的不同支派共拥有285乔纳塔，布罗利亚家族有240乔纳塔，西蒙尼家族有90乔纳塔，比拉戈·迪·洛斯契亚家族有114乔纳塔，罗比家族

---

① Alteno是一片混合作物田地。那里粮食作物和葡萄一起交替种植。葡萄藤攀附在缠绕在杆子上的绳子上。

有127乔纳塔,丰塔内拉家族有80乔纳塔,桑泰纳的修道院和教堂拥有超过100乔纳塔的土地。仅有3位无名小卒拥有30多乔纳塔的土地(他们3人中没有1个人的土地超过50乔纳塔),不到10个人拥有12乔纳塔(即不到13英亩)的土地。[1]

这种土地所有权的分布图并没有充分地显现社会分层。因为活跃在农业领域的最多人口数量的群体不是土地所有者而是桑泰纳或附近地区的租赁农户。除此之外,就是代理人和主管人,他们为很少住在这个地区的封建领主管理土地。

除了这些相对富有的土地所有者和这个地区的租赁农户之外就是大量贫困的农民,他们靠做各种各样的活计来谋生:如在农忙时节当雇工,或从事与纺织工业有关的农活(养蚕、纺纱)等,或在波河、班纳河及散布于这个地区的鱼塘捕鱼为生。

对社会阶层的划分不能只局限于拥有土地的规模,我们应该将调查转向复杂的家庭策略——过滤出成功与失败、生存或死亡的策略。就像在所有的社会一样,当对有些机制不甚明了时,我们就应该看看它们的实际运作并检查它们的具体举措。与正式的血缘关系和联姻关系不同的是,包含着选择、排斥、融合的复杂策略能使家庭组织更有弹性。正是这种策略主导了17世纪贫苦农民的日常行为,如果他们想要在这

---

[1] ASCC,143/Ⅰ,nos. 86-93,Consegne 1682(8 vols.). 这些谷物加工税(consegne)是业主自己规定的,而不是当场估算的。

个每时每刻受到饥饿威胁、劳苦压迫的社会生存下去的话,他们就不得不做各种各样的活计。我们仅能模糊地表达出这种主导生与死的关系机制的重要性(比我们所处的时代要模糊)。例如:一个不能工作的老人该怎样生存下来?或一个贫困农民这年要是没有任何收成该怎么办?家庭结构,还有慈善和委托关系等保护机制,处于我们感觉不到的友情、关系和保护网之中,因此它们填满了历史的全景,而严格的经济计算只能以一种扭曲和片面的方式显示它。生活困苦的农民心理构成中的个人身份认同感是建立在情感安全基础上的,这种情感安全不受我们现有文献记录的束缚,它存在于团结和保护中,存在于长远的互惠关系中,也存在于由上到下的垂直依附关系中。

然而,以下情况也是常事:历史学家几乎本能地去找那些在类型学或简化模型中以量化数据形式表达的一些显而易见的事实,倾向于以原因不详的异同为基础,去比较那些相互之间关联不大的情境。穷苦大众以及不为制度化社会所欢迎的流浪者过去的日常生活和个人行为模式所留下的痕迹可能会使我们迷路。这些痕迹从一开始就落入伦理中心主义的解释。文献记录的阅读对象是外部公职人员,其目的是加强统治,对人们的经济实力进行评估,但这些男男女女所生活的世界只是一定程度上受到市场关系的统治。同样地,性行为和情感行为也被宗教组织规约化了。这些组织提出了一整套行为模式去纠正被认为是异教徒和道德败坏的人的行为。伦理

第二章 三个家族史:家族势力范围

中心主义让现今的历史学家研究问题时倾向于依赖单一原因,做出过分简单的解释。这些年,历史学辩论的基础都必然落在简化的图式方案上,最突出的就是体现在对家族和家族史的广泛讨论上。一方面,我们看到这样一种假说,即家庭逐渐失去它的职能,它委托外部机构而越来越多地集中在情感领域。这样导致在工业革命之后家庭结构由家长制的大家庭向核心家庭转变。另一方面,有研究称,核心家庭在西欧毋庸置疑地一直占据主导地位,虽然其模式可能不尽相同。在过去的十多年里,人们一直在家庭的功能和结构定义范围内就家族历史进行讨论,已划分出不同家庭模式的地域范围,但对于主导不同家庭模式多样化和转型的规则,却找不到更合乎情理的解释。[1]

在本章,我需要回避这些模式。值得肯定的是,这些模式

---

[1] 我查阅了大量的历史书籍,这些书都遵循 T. 帕森斯和 R. F. 巴莱斯 *Family, Socialization and Interaction Process*(New York: Free Press, 1955)书中的说法,以 19 世纪的社会学为基础,尤其是以社会学家勒·普雷(Le Play)的学说为基础。彼得·拉斯利特对这个学派的评论引起了激烈的争论,但该评论也清楚地陈述了这个进化观点实际上的不准确性。早从中世纪开始,核心家庭已成为欧洲社会盛行的家庭模式(见 P. Laslett 和 R. Wall, eds., *Household and Family in Past Time* [Cambridge: Cambridge University Press, 1972])。然而,随后对家族历史的研究开始两极分化,尽管分析范围已经扩展到文化、心理和经济条件,以及不同地理区域和生活圈子的差异。自 1972 年起涌现了大量的研究。例如,M. 安德森 *Approches to the History of the Western Family: 1500 – 1914*(London: MacMillan, 1980)或者是 A. 布拉坎斯 *Kinship in the Past. An Anthropology of European Family Life*, 1500 – 1900(Oxford: Blackwell, 1984)。这种讨论常常与家庭内部形态联系起来,然而注意力却很少转向家庭涉及的、受制约的并从中设定意义的外部关系网。这个观点在 R. Wall, J. Robin, eds. *Family Forms in Historic Europe*(Cambridge: Cambridge University Press, 1983)书中没有出现。但书中却提出了早在十年前提出的、更加精确的欧洲人口地形学。

已证明是非常有用的，但它们选择的重点在本章中不适宜。整个讨论已趋向简化，家庭被定义成一个居住单位，一起躲避风雨，一起生火做饭。很明显，这个定义有着一定的根据。因为它为税务征收和人口统计中的数据收集提供了基础。国家控制和宗教控制必然要走简化的窄门。它便于核查，然而精心策划的防御策略的明确目的就是为了逃避这种控制。我们能从这个家庭定义中推导出大量对相关问题的回答，如地理学领域的类型学，家庭结构的转型和扩散等。但这样定义"家庭"是否真的能回答我们所有的疑问呢？

无论嫁妆还是继承的政治都不能解决语境问题，而实施什么样的家庭策略是由语境决定的。我们无法把握的是更加复杂的物质、精神、情感和政治网，这些网总是在严格意义上超出共同居住的核心家庭范围。

我们可以推测：长期来看的实际变化，将能在别处而不是家庭（大家庭或是核心家庭）的内部结构中找到。这个结构形式可以一直保持不变或不受经济、政治、宗教转型因素的影响。相反，变化却发生在较为复杂、缺少制度化、结构核心之间的外部关系领域中，在这些核心家庭为生存和经济进步所采取的相互团结及选择性合作的形式中，在被提供或被期待的服务范围中，由此，信息得以传递和交换，互惠和保护得以发生。

这意味着对桑泰纳各家庭的战略分析将不得不超越对居住单位的分析。不得不说，这些家庭虽然没有聚居在一起，却

第二章 三个家族史:家族势力范围

被血缘关系、联盟关系和虚构的亲属关系联系在一起。在旧制度的朦胧世界里,这些家庭就像在一个不安定的社会舞台上甚至是一个小村庄里为自我主张而设计的一个楔形结构。

本书中的家族史,几乎都是从公证文书中推断出来的。它们并不用于尝试重现典型情境,而用于揭示构成模型的诸要素。因而我们需要重新审视三个租赁农户家族的历史,毕竟租赁农户群体反映了构成17世纪末行为模式和价值体系的基础的最简单、最完全的策略。这个模型的实现,无论其形式是扩展的还是有限的,也无论其多样性或可选择的范围如何,都会导向其他社会阶层或群体中的差异。然而,这些差异并没有和与租赁农户家庭社会活动准则一致的广泛传播的意识形态相矛盾。我们再一次遇到了对安全感的潜在追寻,在此追寻过程中,不同于其他行为模式(旨在加强社会和自然环境的信息以及对社会与自然环境的控制),地位的保持和代代相传不再是一个目标。

1630年瘟疫后不久,乔瓦·巴蒂斯塔·佩罗就娶了卢西亚为妻。他们有许多孩子,但保存下来的数据仅记载了二人去世后仍活着的7个孩子,即弗兰西斯基纳和她的6位兄弟。佩罗去世较早,他在遗嘱中写明,要求子女们共同在生于1631年的大儿子乔瓦·多梅尼科的庇护下生活。乔瓦·多梅尼科具有无可争辩的权威。弟弟们信服他,"像常说的长兄如父",老二塞孔多在公证中如是说。[①] 但未分割的遗产并不意味

---

① ASCC, Insinuazione, Santena, vol. 3, fol. 188, Testamento di Secondo Perrone di Santena, 1678.11.23.

着——无论是佩罗家族还是这地区的其他家庭——子孙应该在同一屋檐下生活。恰恰相反,这种血缘团体的经济策略的力量就在于将他们家族生活的分离与经济事务的共享联系在一起。他们在两个农场中当租赁农户,塞孔多和贝纳迪诺共同经营侯爵巴比亚诺的维哥纳索农场,那里他们的父亲已帮他们开拓好了。乔瓦·多梅尼科和乔尼诺经营布罗利亚农场——这是以所有者的名字命名的,他们在父亲死之前就签订了协议。其他两位弟弟,安东尼奥和乔瓦尼那时刚刚30岁出头,他们与侄子乔瓦·巴蒂斯塔(长兄乔瓦·多梅尼科之子)1678年遭受刑事审判。我们知道"他们因犯下罪行而触犯了法律"。[1] 为避免家族未分的遗产遭到没收(这在当时是惯例),他们都被剥夺了遗产继承权。为躲避惩罚,他们藏了起来,也许搬出了皮埃蒙特。乔瓦尼当时娶了来自桑泰纳的玛丽·斯皮内洛为妻,后来客死异乡。

其他事件也让1678年成为这个家族特别艰难的一年。乔瓦·多梅尼科死于11月14日——教会称之为"意外地"——享年47岁。他几乎没有时间去安排家族事务以避免家产被查封。他可能对如何帮助他的儿子和弟弟们的漂泊生活提了一些建议。他立下一个遗嘱,其中清晰地写明了禁止子女在满22岁之前分开生活(任何违背遗嘱的人都会被剥夺财产继承权)。他留下了三儿两女,全都委托给孩子们的叔叔

---

[1] ASCC, Insinuazione, Santena, vol. 3, fol. 188, Testamento di Secondo Perrone di Santena, 1678.11.23.

乔尼诺(又叫莫罗内)照管,乔尼诺成为新的家族头领。

这是这个家族历史上艰难的转折点。逃避法律制裁导致家中男丁缺失,他们又没有足够的钱去雇人。由于这些原因,还因为农场人手的数量在合作契约中是规定好的,这个家族开始和土地所有者签订新的合约。贝纳迪诺和塞孔多开始转移到布罗利亚这个更大的农场。乔尼诺、他自己的孩子以及他的侄子们一起转移到维哥纳索农场。这三兄弟的专业经验是众所周知并得到普遍认可的。他们的地位在桑泰纳的政治和社团网络中得到了证明。他们(在多个场合)作为圣体会曾经的负责人也有一定社会地位。在草拟新合同时,这些因素就形成了他们的优势。甚至亲人所犯下的罪行都没有影响到他们的地位。而且在三年后的1681年,弟弟安东尼奥和长兄之子乔瓦·巴蒂斯塔被特赦无罪,允许回家。

兄弟间的财产划分曾明显将安东尼奥排除在外。就像我们看到的,当初这是与外部威胁抗争的家族计划。通过这个计划,安东尼奥重新享有财产继承权就没有什么阻力了。安东尼奥回家后分配到了家族产业的一大部分。这是家族慢慢积累得到的。就在他逃避法律制裁的前后,任何家族问题都没有减缓这种财产积累——这是他们家族行动计划中一个很重要的目标。仅在1675—1681年间,这对他们是非常困难的时期,(乔尼诺、贝纳迪诺和塞孔多)三兄弟总共花了868里拉从桑泰纳和坎比亚诺的5个农民的手中分别买了一座带庭院的小农庄、一个家庭菜园和3乔纳塔多的土地。这还不包括以乔瓦·多梅尼科的名义登记在维拉斯泰洛土地税名单上的 5 乔纳塔种植园以及兄弟们在基耶里和桑泰纳未分的 6.62 乔纳塔土地。他们在坎比亚诺和维拉斯泰洛还有土地,也许在我未能发现的其他地方还拥有土地,不过在公证中提到的佩罗一家拥有的财产,像是属于他人的正在买卖中的小块土地。

安东尼奥·佩罗渐渐富起来了。1685 年后,在四年的时间里,他通过三桩不同的交易买了 3.5 乔纳塔的土地,并住在位于泰迪吉罗的家族新划分给他的土地上的一个小农庄里(不过这从未得到公证)。他继续以独立业主的身份经营土地,从未签过租赁农户合同。

到 1689 年为止,佩罗一家以个人或联合的方式,购买了不下 9 乔纳塔的土地,由安东尼奥耕种。安东尼奥就像是在充当这个家族的劳力,而作为回报,他的兄长们家中也会提供额外人手来帮忙。1688 年,贝纳迪诺去世,享年 45 岁。也在此时,这一复杂策略的结构自然而然地得到了证实,当前的农场合同到期后马上交换了人手。我们在 1690 年布罗利亚的盐税名单上找到了乔尼诺,记录上有 11 位成人和 2 头牛(为此他每年要交 48 里拉 10 索尔迪高额税);家在维哥纳索的塞孔多家有 8 位成人和 3 头牛,每年要交 30 里拉 10 索尔迪的税。安东尼奥没有饲养家畜,他只需承担 3 位成人税。[①]

我们来到了 17 世纪 90 年代,乔瓦·巴蒂斯塔·基耶萨

---

① ASCC, 149.3.13, Quinternetto bocche umane e giogatico per l'anno 1690.

第二章 三个家族史:家族势力范围

故事发生的核心年份。战争、薄收和延续六年的恶劣天气困扰着这个地区。佩罗全家被逼到了四分五裂的边缘。乔尼诺死于1693年;1694年,安东尼奥年仅40岁的妻子死于难产;塞孔多也于1696年去世。老一代的最后一位成员安东尼奥成了家长,但他需要养活很多口人。除了年轻一代人中年龄最大的乔瓦·巴蒂斯塔在佩西翁农场(财政长官安东尼奥·加尔加诺的产业)当负责人外,这个家族失去了全部的租赁合同,这也许是因为四分五裂的人口结构超过了能实行他们既定策略的极限。安东尼奥的儿子和侄子们都下地务农,在这个家族通过购买或继承而拥有的土地上耕作,勉强维持生计。这些土地实际上在一个艰难生存的系统中完成了作为浮动财产的任务,因为安东尼奥声称全家有10位成人①。1689年到1698年的记录显示:佩罗家族没有购进土地,相反以250里拉的价格卖出了1.5乔纳塔土地,只在1700年他们才花220里拉买了1乔纳塔土地。

安东尼奥死于1701年,身后留下6个成年侄子。他自己的3个孩子尚未成年,托孤于新的家长——他最大的侄子乔瓦·巴蒂斯塔。乔瓦·巴蒂斯塔这时已经回来,接管租赁土地。面临新世纪,这个家族重新强调土地所有和持股租赁间未被打破的联系,新一代人准备再次启用让他们渡过之前艰难十年的策略。

---

① ASCC, 149.3.13, Quinternetto bocche umane e giogatico per l'anno 1698.

以上是事件发生的顺序。对历史学家来说,仅凭销售单和遗嘱那样简短的文档资料去重构一个家族史有如拼魔方那样有趣。当点滴信息汇合后,他们能获得一种满足感,读者可能感受不到。不过,这些细小的家庭琐事确实帮助我们认识到运行于旧制度中的各种社会逻辑的诸多重要方面。

　　从我所描述的这类行为模式中去构建一种一般类型模式存在不少难度,原因在于现实中的具体组织形式并不遵从事先形成的模型。这些组织形式相对更具弹性,它们适应了生命周期中的紧急事件或由外部政治经济事件引起的种种情形。像其他社会一样,这个社会由个人组成,个人意识到不可预测性的边缘,以此组织每个行动。不确定性不仅源于未来很难预测,还源于人们意识到所需处理的信息不足,即关于在一个他们需要行动的社会环境下起作用的力量的信息的不足。这个社会不是一个因缺乏安全性而瘫痪的社会,也不是这样一个社会:敌视所有冒险行为,被动或坚定不移地寻求不变价值观堡垒的保护。为了提高安全感而改进可预测性是在技术、心理和社会革新背后的一股强大推动力。佩罗家族采用的关系策略就是控制周遭环境的技巧的一部分。①

---

　　① 我想强调一下这种解释和一些最近新古典主义观点的显著差异。新古典主义观点提出了一种不合时宜的、理性经济的人物形象。然而,这种人避免创新,因为在资本主义前期土地所有制经济中不创新的比冒险创新能获得更多的利润。这个观点的主要例证是 D. N. McCloskey, "English Open Fields as Behavior towards Risk," *Research in Economic History*: *An Annual Compliation of Research* 1 (1976): 124 – 70。我从佩罗家族的历史中看到的似乎是一个复杂的策略,在这种策略中谨慎态度和多样化经营决不是创新性的前奏。

第二章 三个家族史:家族势力范围

　　一个能根据深思熟虑的实用功能做出决定的人,一个在多种明确的选项中进行选择的人,一个对所有未来事件发生的可能具有清晰意象的人,一个把实用功能价值的期望值最大化的人,很大程度上是一个虚构的人,即使在当代社会中也是如此。然而,这样的人物形象——绝对理性、心理稳定、对经济状况极度关注并随时准备做出最大的努力、为了行动掌握充分的数据、完全缺乏社会关系或记忆纽带——创造出了它的反面:旧制度下的农民形象,他们任由环境、传统和不确定性摆布,不能采取积极的战略行为。两种形象之间没有中间物。甚至将家庭史化约成家庭内部史也是拜这种做法所赐,即认为旧制度下的人,尤其是农民,完全被自然和制度所奴役控制。"一个法国的教区,"杜尔哥说道,"就是堆积的茅屋加上像茅屋一样死气沉沉的人们。"①

　　基耶萨宣讲的心灵世界是追求安全感的社会之一部分:经济状况的改善作为一个目标从属于更大的目标,即社会联系的拓展和强化。正是在这个框架下,家族间的联系,作为产生安全感的重要因素,显得尤为重要。那样的联系当然由同族通婚和联姻体现,但这仅仅是一个突出领域,它可扩展也可收缩,并可以选择和产生等级。如果不可预见性真的促成规则的产生,以此使个体行为可以被他人预见,那么同样的需要会使这些规则具有弹性和歧义,可随时改变。

---

① 摘录于 A. de Tocqueville, *The Old Régime and the French Revolution*, trans. S. Gilbert (Garden City: Doubleday, 1955), 49。

记住这一点,我们便能回到佩罗家族的行动计划中显得甚为重要的一般特点。首先,他们社会阶层里盛行内婚制,通常是与同地区的租赁家族,特别是丽莎家族和莫索家族,建立并强化联姻。粗略一看,这解释是显而易见的。在农场共同的农家院中,几家住在一块,和村子里的生活不一样(那里正相反,由自耕农聚集居住),自然产生一定程度的团结。可是,为合同的竞争及因家庭财产和居住合同而起的小插曲似乎与这种简单的解释相矛盾,除非把社会声望的因素考虑在内;与那些在饥饿与生存中间挣扎的小自耕农联姻意味着低下的个人身份和社会地位。当然,除非那种亲戚关系能由他们本身从事租赁农业而成功地使他们的活动多样化。租赁农户中的高度同质性是自然而然的,体现在他们的生活条件上,他们的文化上,他们共同信仰的教会组织的成员资格上,体现在他们现在与贵族及其代理人既独立又雇佣的关系上,体现在他们常常到城市去运送属于贵族的产品上,甚至体现在他们采用的农业生产技术上——技术因土地面积的不同而不同,他们采用多种作物混合种植,使用更先进的生产工具,饲养更多的家畜。换句话说,这个群体更多地以他们的租赁合同而不是以他们拥有的土地来划分,这种情况使他们基本上不与外界通婚。

　　妇女明确地不能继承遗产。她们不但不能把土地收为嫁妆或遗产,就是家族收到的或买的嫁妆看起来也对家族财富无甚影响,因为嫁妆价值通常为100到200里拉。

第二章 三个家族史:家族势力范围

此种情况并不意味妇女在家族内部不扮演一个相对较强的角色,来确保在一个较大家族中核心家庭的延续。妻子在丈夫去世后,同她的孩子一起享有丈夫的财产,而丈夫的遗嘱确保她有日常费用。不像小自耕农的寡妇,这种家庭中主要由男性监护人做主人,她要同家族里的新家长一起监护她的小孩,这新主人常常是她的小叔子。

租赁农户常常在社区中有较高的声望。尽管佩罗家所有人均不识字,在公众活动中提到他们时常冠以"先生"的头衔——这个头衔一般不会授予农民,除非他们拥有相当数量的土地。还有,在基耶里地区,租赁农户送给未婚妻的订婚礼品价值至少达到嫁妆的四分之一(自耕农要少得多),婚礼上的礼金也很大方。在当地,这种礼金被称为贝尼萨格利(Benisaglie),以现金的方式给出并成为妻子嫁妆的一部分。在某种意义上它证明了这种家庭受人尊敬,以及他们的客户、朋友和亲戚关系的重要性。佩罗家族给予新妇的这类礼金几乎都超过了50里拉。上文提到了他们在圣体会中的成员资格。佩罗家的两位兄长(乔瓦·多梅尼科和乔尼诺),他们在担任家长时期都不只一次担任过这个圣体会里的执事(也称为负责人)。死后他们都和成员一起葬在圣体会的墓地里。

至此,有两点应当指出。第一,尽管我们无法探明所有租赁农庄的大小,但在所有已知的例子中它们均明显大于任何单个自耕农的土地。同时,租赁农庄的大小是固定的,因为租赁农庄追求各种作物的均衡,在短期内难以改变,一般是由可耕种的土地、葡萄园、草场、小林地和菜园组成。在业主看来，多样化经营使劳动力得到最大程度的使用，不会因为要养活很多人而影响租赁农户应得的份额，以确保自己的份额尽量大。在这个地区，租赁农户会在同一块地上经营多年——第一代佩罗和他的儿子乔瓦·多梅尼科这个例子里，超过三十多年。桑泰纳的其他租赁农户家族情况也证实了这一点，但不是所有的情况都是这样，有些家族或个人会从一个农场搬到外地去，还会把财产一同带到另外一个业主那里，根据农庄（不太具有灵活性）的规模配置劳动力。租赁农户似乎能利用他们的关系和职业技能在合同谈判中占有更好的地位，但要把这转化为一种固定的模式很难。还有，不知为什么，在一个领主控制下的不居住在一块的几个核心家庭之间似乎有着非常强大的内部合作，这决定了超过20—30人的成年群体的策略性流动。随着一个家庭从一个农场搬到另一个农场，随着一个农舍中各个家庭搬进搬出，封建领主在某种方式上确保了劳动力更新换代，以及技术能力、政治忠诚、纪律和稳定性的保障。领主及其代理人对这个问题怎么想我们不可能知道，但我们能想象到这个复杂而又高效率的机制中相互共同利益的存在。

  佩罗家族的例子中，自有土地在家族财富中扮演了重要的角色。不但在17世纪90年代的危机中是如此，而且在这个家族面临生命周期中的复杂问题时也一样，如像安东尼奥受法律迫害，成年男性死亡，正常人口周期带来过多后代需要抚养,一个家庭成员在重新签订合同时遇到困难等。土地财产是一个庇护所,使得兄弟家庭间的互助不但可能也必不可少。此类经济组织的灵活性确保了收入的相对稳定和整个家族的长治久安。

这种模式在此地的租赁农户家族中比较常见——像我们将要看到的一样——尽管佩罗家族发展得很好而成为一个范例。

佩罗家和大地主签订的合同并不阻止前者进入土地市场,虽然他们自己拥有的土地只是分散的小块。在这里,解雇(escomio)并未像其他实行租赁农业的地方那样严格执行,家庭从一地搬到另一地也未受到限制。拥有土地和其他因素给了租赁农户一个比其他地区租赁农户更广阔的谈判余地,那里领主间对出色租赁农户的竞争是农户唯一的武器。①

到18世纪,租户持股农业在皮埃蒙特区和意大利西北的其他地区被雇工农业取代。意大利中部租赁农户的不同命运或许是由不同的权力关系造成的。从农民的眼光来看,正是由于皮埃蒙特的这个体系的灵活性防止了领主在法律限制的框架和经受时间考验的租赁农户—领主关系传统内取得更多的经济好处。仔细地琢磨租赁农户合同那极端相似的公式化条款,我们会明白具体情形很大程度上解释了为什么租赁农

---

① 艾米利亚和罗马涅两地规则的差异。如,在 C. Poni, *Fossi e cavedagne benedicon le campagne* (Bologna: Il Mulino, 1982), 283 – 356 中已有研究。然而,我不确定:在意大利中部,租赁农户家庭的土地所有关系是否也发挥着意味深长的作用。

户持股农业会在这一地区或许是整个意大利北方消失得比意大利半岛中部快得多。事实上,谴责租赁农业,这是农民的优点而非他们的缺点,同时也刺激了资本主义农业发展。①

于是,我们就又回到了起点。关于家庭作为一个居住单位的讨论给人留下了社会学意义上的广阔调查空间,我们仅仅在各种税收调查中描述核心家庭间合作而采取的策略。依我看,据此需要提出一系列关于现代家庭演变的问题。有一种趋向就是在很长的时间跨度里,居住在一起的家庭会分居各地,即使主要的家庭形式没有改变也如此。除了改变核心家庭的结构之外,一种不同的生产模式,还有对被排除于创造性活动之外的个人进行社会扶助的公共组织模式,削减了联姻与支持等复杂策略曾经具有的深远意义。结构的等级制化和对团体政治决定的服从渐渐失去了其重要性,在个人眼里变得难以忍受和在道德上及心理上难以接受。

由此,家族历史必须被置于具体的历史环境下。一个单独的家庭给我们的数据常具误导性,甚至在这种意义上说,一

---

① 这里我不同意 G. Giorgetti, *Contadini e proprietari nell' Italia moderna. Rapporti di produzione e contratti agrari dal secolo* XⅥ *a oggi*(Turin:Einaudi,1974)书中的描述。该书在关于租赁合同中日益苛刻的款项讨论中,将意大利北部和中部的情况描绘得太过相似了。这个过程持续了几个世纪,并在 18 世纪和 19 世纪达到顶峰(特别是见 pp.282 - 340)。在意大利国内外,租赁农场的普及和持续激发了研究土地所有权的历史学家和经济学家的兴趣的复苏。很多关于农作物、活动和关系多样化的策略方面的参与促成了这种特别灵活的土地合同。见 S. N. S. Cheung, *The Theory of Share Tenancy, with Special Application to Asian Agriculture and the First Phase of Taiwan Land Reform*(Chicago:University of Chicago Press,1969); T. J. Byres,ed., *Sharecropping and Sharecroppers*, 特别是 *Journal of Peasant Studies* 10,nos. 2 and 3 (1983)。

第二章 三个家族史：家族势力范围

旦将其置于复杂的环境下，它们会让我们假设我们不能证实的家庭间的相同条件。在现实中，家庭作为亲戚联姻的一个联合体，不同于以平等的职责和权利建立的同质个体，而是作为一个多样化的等级整体建立的，甚至当它的内聚力极为紧密时也是如此。在家长权威的框架里面，家长是根据年龄或其他标准选出来的，其他核心人物进行多样但互补的活动。佩罗家族把租赁农业和他们自己的农田的所有权结合起来，我们也能发现其他相似做法的结合使用。这个框架包含平等的方面（不但体现在男性接受遗产和分配财物时严格的平等权利中，也体现在外人看来的家族声望上），也包含不平等的方面（乔瓦·多梅尼科给他女儿的嫁妆总计100里拉，塞孔多的女儿得到了150里拉，乔尼诺的女儿是200里拉）。这样做是为了保证财产不受损，维护自家的社会地位，保护整个家族，使得人们为整体的利益而工作，这些远远胜过了人生的浮沉、大家族内各个核心家庭及单个核心家庭中各个成员间的不平等特征等。

其他租赁农户家族有相似的历史和行为方式：例如丽莎家族和莫索家族，两者在社会地位上和经济能力上都和佩罗家族很像。莫索家族甚至占据更好的社会根基，他们既从事租赁农业，还担任居住在基耶里的封建领主的代理人。

这种机制一直以略有不同的方式运转，即便是在这个社会群体中较低层次的家族也一样。特别的是，这里更多地强调与领主的较为严格的客户关系，该客户关系在对资源的建立、消除或保护中是一种重要的因素。

多样化经营在一个结合经济剥削和社会关系的多向策略内运作,这导致了有时会变得极端复杂的混乱。多样化经营不但作为一种功能,使这些家庭发挥其人口潜力,也使他们努力积累起了社会地位、声望和财富。租赁农户可以采取自耕农或穷人只能空想的多样化策略。不过,所有这些群体都显示出他们有共同的目标、逻辑和心态。下一步我们需要看当我们研究一个社会等级,去看一个家庭财产和成员较少的租赁农户家庭时,这种策略是如何改变的。

马蒂诺·卡瓦利亚家三兄弟的故事证实了这个模型:两位兄长从事租赁农业,小弟经营自有地。就是像这类儿子个个已长大成人的核心家庭,内部合作继续,通过金钱和小块土地的交易,也可能经由劳力、农具和耕牛等的交换进行。家庭,作为一种根本的规范,在他们的逻辑中一直存在。玛丽亚·卡瓦利亚是家中的女儿,嫁入了另一个租赁农户家庭,在1688年写了一份遗嘱,把这种家庭政治意识带到了她的新家,传给了她的孩子。她把嫁妆留给儿女,"请求孩子们,她公认的遗产继承人,和睦相处,互报善意,不要听信谣言,善待前面提到的适婚女孩,尊重她们,让她们找到婆家前居住家中,她们也为了这个家尽其所能"[①]。这些遗愿暗示了在必需的合作中可能的冲突,但也压抑了个人的职业和愿望。

---

① SACC, Insinuazione, Chieri, 1688, vol. 602, *Testamento di Maria vedova del fu Gio. Francesco Tamiatto*.

第二章 三个家族史：家族势力范围

　　家族土地和租赁合同的互补性质是显而易见的,在卡瓦利亚家中,兄长死后的危机时期即表现出了这点。家中最幼的弟弟开始监护他的侄子侄女,他平息两位嫂子之间的争吵,为侄女置办了嫁妆。卡瓦利亚一家一直在为应付这种情况作准备,购地一直都是他们关心的事。在收成好的时候,他们租赁农场所得的全部利润都花在购买土地上。这是一个很明显的逻辑,也是贵族们喜欢的与他人保持某种模糊租赁关系的奇特方式。在马克·安东尼奥(曾为桑泰纳的本索修道院的负责人)死于1681年后不久,该教堂就出售了1乔纳塔土地给这位前租户的遗孀和子女,然后打发他们走。把他们请出农舍并不表明不保护他们或与之断绝联系。几年后,当卡瓦利亚年幼的儿子长大成人后,他们又成为本索土地的租赁农户。

　　由此,这一担保、忠诚和保护的基本框架是土地产业的一个重要因素,正如在垂直社会关系的模糊特质中,它是要素之一。在合同权利及道德债务的这一博弈中,农民的力量也有相当分量,这是个反复出现的主题,在17世纪乡村社会的关系中具有中心地位。这个并非横向而是纵向的联络网关系的世界,其中包括客户的范围及忠诚度,构成了家族史的巨大背景。在这个背景中,每个家族成员不是孤立行动的,而是以家族为核心,要求在弯曲的人生道路上通过对家族存在极为重要的复合社会网做出自己的决定。

　　卡瓦利亚家族史在很大程度上是佩罗家族史的重复,这意味着,有一种行为模式虽然复杂,但常常奏效。在把大家族看做是持续人口更替的保证方面,这些规则对卡瓦利亚家族同样适用。群体内部通婚极其常见,付出和收到的嫁妆水平是较低的(仅150到200里拉);家庭成员中寡妇是极为重要的,这是由于在紧张而又脆弱的合作中她们起到了关键性作用。然而,卡瓦利亚一家除了在土地方面进行了重要投资,他们还是积极放贷者,借钱给没钱的农民和值得尊敬的黑人或者那些以赊购的形式买剩余粮食的粮商。他们与当地一些贵族的亲密关系更明显,如本索家及贝尔托内家(老二是他们在圣萨尔瓦的租户)。简言之,这是一个运作正常的机体。虽然偶有危机,但是没有无法克服的困难,它使用了一些特别的资源来补救系统中出现的相当大的缺点。

尽管如此,所有这些变量都是可以改变的,或是在长期的经济危机中,由于人口很难统计而导致,或是由于突然的死亡。在社会经济稍微低级别的阶层,策略也许相同,但也可能遇见难以克服的困难并且导致家庭计划的失败甚至计划的缺失。

接下来讲的是多梅尼诺家的历史。阿戈斯蒂诺·多梅尼诺,是蒙卡列里市管辖区科莱尼奥的普罗瓦纳伯爵的租赁农户,1672年死于高龄,留下两个女儿及独子乔瓦·马修·多梅尼诺。父亲的长寿以及甚至在晚年仍强壮的体质,确保了这个家庭一种安稳的工作潜力,因为这样可以依靠至少两男两女的劳动力。他们的生育能力低,但这劣势由更少的孩子需喂养和照顾而抵消。多梅尼诺家是个无所依傍的核心家庭,因此家庭的平衡缺乏保障。这并不影响乔瓦·马修·多梅尼诺继承父业。

第二章 三个家族史:家族势力范围

在农场里他也是个模范租赁农户,这也是因为他自己拥有超过3乔纳塔的草地,可以生产干草来供应口粮紧缺的牲口。所有租户合同里有条款规定只有租户才可以租用草地。

当乔瓦·马修继承父业时,他只有一个儿子。独子1666年出生,承袭了爷爷阿戈斯蒂诺·多梅尼诺的名字。农场的面积不大,在科莱尼奥的普罗瓦纳伯爵的庄园里还住着另外一家农场的租户。两处住宅虽结构有差异然而建设成为一体,很有蒙卡列里地域的戈拉(Gorra)村庄居所群的风格。① 两家人同处一个庭院,不仅确立了他们的邻里关系,也是他们争吵之所在。在阿戈斯蒂诺去世四年后,也就是1676年6月20日,乔瓦·马修与吉盎·吉奥阔莫·朱利奥(人称兰扎罗托——蒙卡列里的乔瓦·彼得·朱利奥之子)发生了口角,争执迅速升级,吉盎·吉奥阔莫拿起一根木棒,给了乔瓦·马修当头一棒,两天后,乔瓦·马修就去世了。大家都不知道他与吉盎·吉奥阔莫争吵的真正原因,因为自那当头一棒之后(辞世前的两天里),他丧失了说话的能力。也许永远无法知道他们为何争吵,很可能只是普通的邻里斗嘴。② 我

---

① 这条以及随后的引文都摘自同上,Santena, vol. 3, fol. 611, Pace seguita fra maria vedova del fu Gio. Matteo Domenino et altri parenti con Gio. Giacomo figlio fi Gio. Pietro Gillio, 1677.5.10。

② 朱利奥家族似乎主动施行暴力。第二年在相似的情况下,吉盎·吉奥阔莫·朱利奥的大侄子(乔瓦·巴蒂斯塔·朱利奥之子)乔瓦尼·弗朗西斯科·朱利奥卷入了另一桩杀人案。乔瓦尼·弗朗西斯科·朱利奥与桑泰纳的塔纳伯爵的分成收益的租赁农户为一块草地而争吵。朱利奥拿起一把犁朝弗朗西斯科·多梅尼诺·基奥达诺的"背部或是右胁"扔去,弗朗西斯科·多梅尼诺·基奥达诺还没来得及说句话就当场死亡。在这第二个案件中,通过朋友们和雇佣工人们的协调,双方很快恢复了和平(同上。Fol. 87, 1678.11.2)。在基耶萨的笔记中1697年8月5日有一位来自蒙卡列里的叫乔瓦·巴蒂斯塔·朱利奥的人,很可能就是这里提到的朱利奥家族的一位亲戚。

们能联想到租赁农户手中的契约，他们的雇佣关系复杂，时常弥漫着冲突一触即发的气息，再加上从桑泰纳搬到蒙卡列里的多梅尼诺也许让当地农民感觉到他们的特权和优待被冒犯。乔瓦·马修死后，他的遗孀和一儿一女就成了下一个收获季节前的契约的名义继承人。死亡自然导致财产的再分配，让问题极为复杂，这意味着偿还她丈夫的家族公开多年的债务。首先就要偿还乔瓦·马修的两个姐姐依据父亲的遗嘱合法继承的那部分财产（每人50里拉），另外还有同居一个屋檐下的侄子的劳工费。玛丽亚一半用劳力一半用金钱偿还他。乔瓦·马修·多梅尼诺没有兄弟，这使得情况更复杂。两个姐姐已嫁入多梅尼诺世系之外的两个家庭，属于其他旁系，她们有些残酷地要求玛丽亚立即给钱。

两个家族比邻而居，紧张关系毫无缓解。在齐亚佛莱多·本索伯爵和他的兄弟卡洛·乔瓦·巴蒂斯塔·本索（他与来自科莱尼奥的普罗瓦纳联手，已作为桑泰纳的封建贵族介入此事，而桑泰纳是多梅尼诺家族的起源地）的邀请之下，玛丽亚于1677年3月12日抵达公证人那里，同意在写好的文件上画押，以表明终结与朱利奥家族延续至今的争吵，双方保证互不侵犯。

接下来的资料中显示本索兄弟经常照拂多梅尼诺家族，正是在他们的帮助下，玛丽亚后来用丈夫留给她的部分现金投资了一个带菜园的马厩以及80塔沃拉土地。她为这块地，支付给她侄子，就是已过世的乔瓦·彼得·孔韦尔索之子马

第二章 三个家族史:家族势力范围

修·孔韦尔索38里拉,另外45里拉是以购买一辆铁轮马车的名义。正是在这块土地上,她生活到租赁合约终结。交易完成后的第五天,在本索家族的帮助下,她用儿子的名字与吉盎·吉奥阔莫·朱利奥签署了一份和平协议,朱利奥家族的其他成员("儿子们和其他亲属")都不在场。公证书的口吻比较冰冷,不过面对杀死她丈夫的凶手,玛丽亚的情绪状态很稳定。协议中规定朱利奥家族(前述的"儿子们和其他亲属"),不得出现在之前提到的庄园,如果他们见到这位寡妇及她的孩子和亲属,他们必须欢迎,表示尊重,排除一切加深仇恨和怨气的可能。吉盎·吉奥阔莫还补偿了玛丽亚去都灵申请"禁足令"所花的费用。最终,协议里并没有提到因涉嫌谋杀而作出的种种金钱上的交易,不过却使双方的纠纷得到了解决。本来这场纠纷连法律也无能为力,因为在这种情况下,应用法律也不能判定谁是谁非。

在这一切事情的处理上,玛丽亚表现得异常活跃。这是因为她背后有她娘家的人,即孔韦尔索家族的大力支持。说起来,她的娘家与夫家关系非常密切,几乎融为一体了(或许这与两家人口凋零稀少有关)。她母亲,也就是孔韦尔索家族的遗孀带着她嫁给了多梅尼诺家族的老当家阿戈斯蒂诺·多梅尼诺,当了他第二任妻子,成为他的儿子乔瓦·马修·多梅尼诺的继母。而玛丽亚她本人也许配给了阿戈斯蒂诺·多梅尼诺的独子。

母女俩嫁给父子俩这种做法或许是受到家族人口单薄的

影响（虽然卡瓦利亚家族或多或少也有这方面的问题）。在获得足够数量的土地后，玛丽亚发现了即使不依靠仆人或雇佣工人，也照样能生存的法子，那就是放贷获利。这种办法既不违反家族的各项规定，又符合财产收入多样化的道理。在她丈夫乔瓦·马修去世时，家族财产共有四块草场，三处葡萄园，还有一片小林子。她卖掉了一块草场，用得来的钱购置了加工粮食的机器设备。在房子旁边也建造了马厩，还有一块菜地。这些事情都是在1686年以前进行的。这种混合经营方式符合独立农场的利益。

玛丽亚不想购置更多的土地，因此她将现金以5%的利息借贷出去。现在无法得知这些钱是具体如何使用的。到1686年，她的手中掌握了九份借款合同。这些合同是在1676年至1682年间与村子里八户农民签订的，合计款项达1027里拉10索尔迪，另外还有234里拉7索尔迪的利息收入。（附注：1681年玛丽亚的母亲把归在自己名下的全部财产留给了她的未成年的孙子。）这些财富使玛丽亚成了放贷大户。因为农民娶妻嫁女，购买农具或牲口，或者遇到天灾人祸庄稼歉收时都需要向她借钱渡过难关。

1683年玛丽亚的女儿安娜·玛格丽特嫁给约瑟夫·布索。除了嫁妆以外，她还得到了她父亲的一半财产，这是因为他的突然死亡导致没有时间来按照惯例立遗嘱将女儿排除在继承人之列。皮埃蒙特法律规定，除非是立遗嘱或是在嫁女儿时特别注明取消女性的继承权，否则遗产在继承人之间均

第二章 三个家族史:家族势力范围

分。因此立遗嘱并不是反映财产继承权的自动分配,相反它的主要目的是把遗产的分配限定在男性继承者那里。这种做法不是法律所强加的,而是出于家族自身利益的考量。继承权的转移不是自动的,而是需要当事人作出选择,这样做的目的就是为了防止家族财产的分散流失。另一方面却造成了对迟早都得嫁人的女儿的不利局面。

在桑泰纳,如果当事人突然死亡,要对儿女平均获得财产的事实进行再评估是不可能的。有些没有立下遗嘱就故去的一家之主对这些问题根本就没有想过,这是因为这些家族本来就很穷,或者儿女们不需要甚至反对去请律师料理这些事情。而对于大家族,情况就是另一回事,这些家族成员众多,财产关系复杂等等,所以在一家之主去世以前很早就事先定好遗嘱,遗嘱一般都是在家族财产关系稳定下来后,众兄弟子侄根据族规当场定好的。乔瓦·马修本来没打算把财产分给女儿,但是临死前在痛苦挣扎中并没有清醒过来立遗嘱,因此他的女儿获得了一半财产的继承权。

玛丽亚发现她自己处于孤军奋战的困难境地,她把儿子的力量加入进来,以两人的名义起诉安娜·玛格丽特。这一起诉持续三年之久,但它从未进入庭审阶段。根据皮埃蒙特的法律,她并没有赢取官司的希望。又一次因为齐亚佛莱多·本索伯爵的介入,致使双方协商一致。那是在1686年3月29日达成的:土地必须分割开来,安娜·玛格丽特额外获得1200里拉的信贷单作为嫁妆。

这个家族又一次必须购买土地。1689年,他们以68里拉购得0.5乔纳塔的可耕地,1690年以306.18里拉购得1乔纳塔的草地。当时,阿戈斯蒂诺成年,之后公证条令中再也没有出现玛丽亚的名字,她的女性角色致使她在公证文件中不被记录,不被提及。这块土地所产不能提供生存所需,又不够人手去耕作,是时候计划未来的继承问题了。近来的挫折妨碍了阿戈斯蒂诺获得一份美满的婚姻,1690年他和塞巴斯蒂安·斯卡洛诺的女儿乔安尼娜结了婚。她来自桑泰纳最贫穷的人家,几乎没有带任何嫁妆过来。她是如此贫穷,事实上她的名字消失了(这是我发现的唯一的一个此类个案),因为她以"阿戈斯蒂娜"之名被记载在教堂的花名册上,阿戈斯蒂娜是她丈夫阿戈斯蒂诺名字的阴性形式。

阿戈斯蒂娜很快怀孕了,于1691年9月生下一男婴。但是灾难似乎笼罩着多梅尼诺家族,因为之后不久,10月1日,意欲抢劫的士兵突然闯入这间位于泰迪吉罗小乡村的私宅,住在里面的阿戈斯蒂娜那时仍然卧床不起,正处于产后恢复期。也许是阿戈斯蒂诺试图自卫(档案文件对此未作说明),士兵们杀死了他,十五天后他的新生儿也死了。

提及这个家族情况的最后一条公证条文的时间是1692年6月。多梅尼诺家族成员全部消失了,乔安尼娜·斯卡洛诺是唯一继承人。她去公证处,公证书上这么写道:"阿戈斯蒂诺八个月前被士兵杀害了,因此,她是个寡妇。一个和丈夫生育的小孩在父亲阿戈斯蒂诺(她的丈夫)死时只有一个半月

第二章 三个家族史:家族势力范围

左右大。在其父阿戈斯蒂诺死后大约十五天,这个小孩也离开了人世,因此,小孩的母亲乔安尼娜是唯一的继承人,因为孩子的父亲阿戈斯蒂诺死时没有任何遗嘱而且死于非命。"乔安尼娜"考虑到父亲塞巴斯蒂安·斯卡洛诺的贫穷处境,想要让她的父亲拥有她在夫家所继承的遗产的一部分"。乔安尼娜放弃了父亲在她结婚时对她承诺的微薄嫁妆,并给了他50塔沃拉田地,加上田地上已播种的一年麦丽卡(melica),一半从农舍附近收割回来的巴巴里阿托(barbariato)和小麦,一个带有一副铁环圈的浴盆,以及木桶和带铁盖的水桶各一只。[1]

玛丽亚现在已经成了老妇人,再也没有出现在公证文档里了。她或许会怀疑是什么导致了她的不幸。她也许已经发现答案在于魔鬼附体,因为她被乔瓦·巴蒂斯塔·基耶萨驱过魔。她于1697年7月17日被基耶萨在其笔记本上列为"中魔"。

现在我们对于租赁农户群体的行为模式有了如下几条归纳。

a)非共同居住的家庭之间通过血缘关系所建立的联盟关系,对于劳动力和非劳动力(消耗者)之间的平衡状态都是最基本的,不管是在家族内部还是与外界的合约关系中。它取决于丰富的人口统计学潜力,代代得到更新。

---

[1] ASCC, Insinuazione, Cambiano, vol. 19, Donatione di Sebastiano Scalero fu Francesco fattagli da Gioanina vedova del fu Agostino Domenino, delle fini di Chieri, sua figliola, 1692.6.2. Melica 是一种谷类作物;barbariato 是一种黑麦和小麦的混种。

家庭史学家普遍认为对研究最有效的单位是共同居住的人群，因为"不生活在一起的人们，与社群其余人或与更高权力没有关联的人们，他们之间的纽带大概是不会得到记录的"①。当我们重建租赁农户家族的历史，表明利用相互更关联的系列文档资源而不是简单的人口调查，这对阐明严格共居之外的联系，是极为有价值的。现实中，视家庭为唯一的分析单位存在某种混乱状态。这预设了每个团体的选择、策略及组织仅仅考虑共居在一起的家庭，以与茫茫的外部世界相对抗。②

这是一种分析歧误，正如把集体内的每一个个体都孤立出去，而这个集体又建立在一个更大的完全个人主义的社会的假设基础之上。③ 现实中，核心家庭之间的关系，创造出了各种复杂而显著的条件。和家庭收入中生产与消费的角色互补性，或作为一个整体的家庭在发展循环中的特殊时刻一样，出生等级及其隐含的地位是也这个关系中很突出的一部分。

b) 活动的多样化就深深扎根于组织联盟。在我们所考察的社会各个层级中，这一多样化以租赁农户庄稼股份的农业生产，以及小规模作坊的所有和剥削的形式而存在着。我们

---

① Wall, "Introduction," Robin, Laslett, eds., *Family Forms*, 7.
② 沃尔证实与外部世界有着复杂关系并不是关键问题。他认为问题已解决，尽管他确实宣称"组成社会一部分的家庭却与社会隔绝，这点很难让人理解"（同上）。
③ 一个明显的案例就是，用文盲个体的比例而不是用至少有一个人知道如何读写的家庭比例来衡量的文盲史。在家族内部成员功能互补的社会里，知道如何读写的家庭成员发挥着与在当今社会中的截然不同的作用。

第二章 三个家族史:家族势力范围

将不会看到整个家庭寻找职业性或社会性的专业化,而是看到一个伴随着经济、人口和社会资源增长的多样化。多样化的能力因此将成为一种衡量潜力和家庭的社会声望的手段。①

很明显,在租赁农户这个例子中,土地占有是职业分化的主要方式。在意大利中部,租赁农户股权合约似乎描绘出这样一幅画面:孤立的农民家庭被动地服从于地主苛刻的欲望。地主根据自己的需求,可以在充裕的劳动力市场任意挑选租赁农户。在短期契约中,农民经常被解雇,从一个农场到另外一个农场。当对他们家庭成员随意的控制不合理时,或者是可得到的劳动力变化得太快,或者说,当年老与年幼的非劳动力(消耗者)数量超过能进行体力劳动的成年人时,他们就会进行反抗。对更大的家族团体进行研究也许显示出:意大利中部,农民在反对领主所提的要求时能够发挥更复杂的作用。在桑泰纳的案例中,这种能力很明显。准确地来说,正是土地的所有权为保证生计创造了一个"缓冲垫"。私人拥有土地,使得在租赁农场需要多余人手的时候,有可能提高人力的储备;或者在领主以合同到期来威胁一个大家庭时,也可以吸收多余的劳动力。在人口和经济危机来袭时,它也能提供可再次发挥系统作用的资源,或者重振农民家庭的讨价还价之能力。

c) 私人拥有的土地在数量上总是相对有限的,而且总存

---

① 在一个城市背景下的专业多样性可以在 S. Creutti 的"Matrimoni del tempo di peste. Torino nel 1630," *Quaderni Storici* 19 (1984): 65 – 106 看到。

在着人口的限制。超过这个限定就要用其他的方法来花钱比较合适：要么让一些家庭成员从事其他行业，要么用这些钱来放贷。

d) 一个群体的潜力越脆弱，它就越明显地依赖与领主之间的雇佣关系。

e) 对于一个大家族的所有女性来说，她们每个人的嫁妆并不是等值的。因此，嫁妆暗示了这个家族总体名望。然而，这些嫁妆是根据总体策略来定的，也就是说，单个事件并不能影响家族整体的考量。对租赁农户家庭的名望起标示作用的是对这条规则的高度推崇：四分之一的嫁妆是夫家出资的，给高额的现金为结婚礼金。

f) 严格奉行同族结婚，甚至到了僵化的地步。以统一标准的政策为依据，角色和行为模式完全是事先规定好的。

g) 在一代代的财产分配期间，监护权和收益权在昭显权威等级方面起着重要的作用。一家之主的寡妇和他最年轻的弟弟可以各自代表整个核心家庭的延续和更大的家族对于核心家庭的控制。

h) 犯罪行为和对非亲群体的敌意被视为是集体责任。违法者不会被排斥，也不会降低这个群体的整体名望。

以上所说的这些，在租赁农户家庭里都如是发生，尽管租赁农户家庭和领主之间有合约关系，这种关系加上了在小业主之间或贵族之间所没有的简单的策略和关系的明确定义。然而，逻辑还是相同的。租赁农户是贫农们都向往的拥有中

第二章 三个家族史:家族势力范围

等土地的群体。乡绅和租赁农户的区别在于前者有多样策略的众多选择,而不在于二者指称的概念框架有何不同。对于租赁农户来说,生存下来不再是难事。他们拥有了普通农民所缺的安全感,这种安全感又是乡绅试图将其转化为名声、财富和权力的基础。

这就是整个社会阶层的阶梯。对于所有的群体来说,第 a、第 b、第 c 点是最重要的。这些参数的可能性和稳定程度是衡量成功的标准。

第 d 点中的雇佣关系告诉我们许多事情。诚然,不平等的关系是旧制度社会的特征,但在这种依存关系中各方的力量是变化的。贵族对各项事业的热心程度各不相同,包括处罚过失、维护社会与名声、无私的慈善事业及有附加条件的慈善。贵族的支持可以描述为一种根据受惠者的社会地位不同而有重大改变的关系,形式包括从对能保证所在社区秩序的显要阶层的保护到与租赁农户的关系(因为租赁农户的社会劣势,这种关系变得更为家长式,更为激进),或者成为一种对那些生活在贵族封建管辖下的穷苦农民的纯粹的慈善利益,这种利益受今生名望和来世救赎的激励。

前面提及的最后四点在某种程度上是相互依赖的变量,因一个家庭所获得的社会地位而变。嫁妆的数量、联姻的策略、寡妇和儿子的作用甚至暴力的使用和对罪犯的保护都可能完全不同。

因此,社会结构可由一系列的可变关系定义:每个单一的情况会被描述成在众多因素的极其广泛关系中的一个案例。这种描述建立在一个倾向于展示本章中的谈到关于租赁农户的生存方式中多种因素的频繁组合的互动过程模式上。

在对乔瓦·巴蒂斯塔·基耶萨非同寻常的传教活动的反应过程中,农民的行为模式所表达出来的对安全的追寻似乎由这些更框架性的问题而再次得到确认。在这里所勾勒出来的模式中,家庭策略并非是在孤立的核心家庭之间争夺有限食物的竞争中获得一时的经济优势,尽管有诸如多梅尼诺事件这类的现象存在。许多机制将重点转向为增强可预测性、尝试降低不确定性和使生活不再过多依赖于农业及孤立的核心家庭的生活圈的变化。由取得经济效率表现出来的家族关联很重要,但更为迫切的是增强对未来的掌握,创建一个使可观的经济成果尽可能稳定的社会组织。

这并不是如下趋势:即人们愿意付出的努力和被期待的经济结果(以收成或收入的形式来定义农民经济的增长)之间形成一个静态平衡。它也不是一个全力以赴的战争世界,人人都为自己,为能在有限的食物里分得一杯羹。选择哪一种经济取决于社会的需求,也取决于亲戚关系、联盟关系或雇佣关系。那些当地的现实决定着每一个决定和行动。

本章中的家族的组建形式被认为是策略的结果,并非是经济或生物需求的被动产物。在之后的章节中我们也会谈到商业机制,这种机制只能在限定它的社会关系中得以解释。而桑泰纳的农民通过类似于增强对未来的安全感来判断政治选择。如果这些选择能够提升对自然的理解,增强国家机构和封建制度的作用,能提供有效的方法使剧烈变化的现实更稳定些,那么它们就是积极的。

这是一种达成共识的意识形态,它不排除社区里的冲突甚至是激烈的冲突。尽管如此,它试图创造与外界的合作战线以及与经济、技术、政治和宗教的统一新战线。

第三章 互惠原则和土地市场

但是拥有1乔纳塔的土地究竟意味着什么呢？私有土地的面积、嫁妆的数量、农场的大小有怎样的重要性呢？这些问题很难回答，不过在这个社会里对任何行为的理解都在可测量的数量的基础之上。

毫无疑问，农民的财产都是极其碎片化的，每个农民家庭有少量能自己处理的土地，每一小块甚至是几塔沃拉都很重要。极其少的土地是意大利北部山脉地带农民混合农业的特点。他们仅靠着面积较大的租赁土地生存，尽管这些土地也比北欧和东欧的农场或者比用来养家畜的土地小得多。

和技术因素一样，文化因素也可以解释这种农业密集性——集中于农业家庭生存和维持种子、家畜水平的年需求量的直接生产。因此在文书里注明的家庭菜园、大麻地、鸡笼和兔窝，只需少量土地而能间接地卖到高价，在生存方面必然发挥着重大作用，正如森林、河流、沼泽等自然产物（例如青蛙、蜗牛、蘑菇、鱼、黑莓及其他各种莓类和野生植物）的零星的丰收也起着重要作用一样。

第三章　互惠原则和土地市场

　　这就告诉我们要用间接的方式找到问题的答案。这个地域农场的账本哪怕零星都不存,皮埃蒙特其他地区的账本也找不到。唯一的例外是那些偶然出现的报告,要求地方官提交当地的维持情况,这些报告顶多能使我们评估直接消费之外所售的生产品。它们很少提供此类信息:个人的消费额、拥有土地的大小及年产量,甚至是对家庭的补贴。

　　在我看来只有一个可能有用的资源(而这一资源从未被系统地利用过)①:那就是被称为维托(vitto)的留给寡妇的生活津贴。不仅能用于桑泰纳这个案例,这个资源还使得我们能对不同地区、不同时期进行对比。

　　并非所有人都有遗嘱。只有那些中等富裕的农民、手工艺人、专业人士和租赁农户等较为复杂的家庭因自动程序不完善而牵扯到复杂的决定继承权的问题。为防止家庭财产分裂而写遗嘱来排除女儿的继承财产权;要将土地分授给家庭各成员;为了监护未成年的小孩,保护体面的嫁妆带来的声望,或者确保寡妇的终身权益和对她的嫁妆控制权,家里请公证人会承担一笔费用。寡妇生计的维持是这一控制和管理政策的一部分。它发生在高于生存水平的社会阶层中,所以它给出的这幅图景是特定地点和时间的富足景象,有点超出一

---

① 据我所知,最著名的例子是 A. Poitrineau 的"Minimum Vital catégoriel et conscience populaire:Les retraites conventionnelles des gens âgés dans le pays de Murat au XVIIIe siècle,"French Historical Studies12(1981):165-76 中,Poitrineau 使用了婚姻合同、寡妇的补贴,还有离家孩子的补贴。然而,这篇文章与其说是一份完整的研究,更像是一份建议和样本。

般生存线。①

  这些迥然不同的资料来自于垂死的家族之长为确保他年迈妻子的生活而所说的遗愿。她很快就会发现自己沦为脆弱的寡妇。因为角色的改变,她不仅失去了尊严,还失去了温饱的保障。出于这点关注,公证人用准确和足量的条文抄写,并经常带着个人的感情和触动。然而,我们甚至看到一种寻求安全的更高尚形式。这是一种保护的表达,它再度证实了在农民社会所运行的那些价值观的全貌,在这里最平淡无奇的日常行为中表达了人的情感。

  桑泰纳的43份遗嘱中确保了给寡妇的生活津贴。寡妇可以继续和丈夫遗产的继承人生活在一起,但如果她不想或是不能的话,可以获得一年的食物、取暖物、衣裤鞋袜的生活津贴。这些材料提供了多样的情况,一眼看上去我们很难找到津贴发放的规则,但仔细阅读就能找到些规律。

  首先,每个寡妇能够拿回她的嫁妆,这已经是对基本生活的一种保障。但是,100到200里拉的嫁妆能维持生活多久呢?17世纪末的法定年息率是5%,这将每年给予5到10里拉,相当于几埃米娜小麦的价钱,是远远不足的。这就意味着嫁妆一旦归还,就要用于其他的花费:衣服、鞋子、农场的设备和面包辅料,还有弥撒费、葬礼费、加入谦逊会的会员费。于

---

① 这种营养水平,从文化角度来看是正常的,从生物角度来看是高于维持生命所需的水平的,因为寡妇津贴提示着这是桑泰纳财富和威望等级处于中上等的社会阶层可接受的最低营养水平。

是,我们需要找到占寡妇食物预算大头的来源。

嫁妆作为一种保障,和丈夫紧密相关。在桑泰纳几乎没有遗嘱表现了对妻子的严格或惩罚的态度,或者丈夫拒绝抚养妻子是因为她没有嫁妆。在没有嫁妆这种情况下,寡妇被劝回娘家和父亲、兄弟一起住,因为婚约不完整,从一个家庭到另一家庭的生活没有得到嫁妆这一象征性和财务性行为的认证。① 这些都是极端的例子,不管怎样,所有其他的遗嘱注明了提供给寡妇的赡养方式,这使得我们能辨认出不同群体的风俗。有25份遗嘱注明给寡妇提供住的房子(其中2份遗嘱是为她们付房租);38份遗嘱提供2到20勃朗特的酒,其中大部分集中在5勃朗特,或者是246升(18例中有1例是确保寡妇得到相应的一笔钱,1西班牙多皮亚[大概15里拉]而不是酒);38份遗嘱提供小麦以及巴巴里阿托,并且也有很强的集中性,因为16例规定每年3萨科(259千克),9例是4萨科(345千克),中等的水平是3.5萨科。伴随基本生活的食物供给有更大的多样性。11份遗嘱提到支付"每年的奶油"的钱,而其他的则是明确提及钱应该在生产中补给。所有这些供给包括乳酪、烤猪肉、橄榄油、胡桃油和盐。大概会提供2卢比的奶酪(大约40磅),盐和油各20磅左右。柴火很少被提及,基本上是2卡拉。

---

① 例如,安东尼奥·佩罗声称他从没有得到过第二任妻子的嫁妆。然而,自从她为他生了个女儿,他留给她2多皮亚(大约30里拉),只支付了一次;"在他的第二任妻子养育女儿期间",她每年会得到一袋巴巴里阿托。(ASCC, Insinuazione, *Villastellone*, Vol.17, fol.353, 1701.1.13.)

当然也有超过普遍情况的特殊例子。在 1686 年,乔瓦尼·罗马诺给妻子玛格丽特"他的房子的使用权",即她可以选择住一层或者是其他的楼层。1.5 乔纳塔耕地的收入作为她的赡养费。至于种子,妻子可以直接播种,而他的继承人则要交社区的评定税。他还给她每年 2 勃朗特"由他的种植园作物"酿制的酒,"从他的苹果树上收获的两袋苹果,如果没有收成的话就不给"。最后,还给她留了一些家用的亚麻布和家具及"用来纺丝的工具,并且有权饲养他留下的三只母鸡"。①

再举另外一个例子,我们之前提到的乔瓦·多梅尼科·佩罗留给他的妻子玛丽亚各 1.5 埃米娜的米和大豆(大约各 20 磅)自己做汤,还有一些相对高脂肪高蛋白的食物。② 这些更具持久保护力及柔情和临终前的考虑反映了垂死的男人想象自己妻子之后孤单、寂寞、忧郁生活的场景,独自纺织、喂鸡、做汤。

这些例子为我们将个别例子人格化了,但我们可以确定,所有立遗嘱的人认为一定水平的赡养是必要的,不管他们的社会和经济差别如何(表 3-1)。

---

① ASCC, *Santena*, Vol. 3, fol. 3741, *Testamento di messer Gioanni Romano di Santena*, 1686.4.12.

② 同上, fol. 1911, *Testamento di messer Gio Romano di Santena*, 1678.12.23。

第三章 互惠原则和土地市场

表3-1：通过对遗嘱调查所显示的寡妇每年所需生活物质；年卡路里数

酒	246 升 = 147600 卡路里 = 12.8%
粮食	259 公斤 = 854700 卡路里 = 74.2%
奶酪	18 公斤 = 69660 卡路里 = 6.1%
食油	9 公斤 = 70560 卡路里 = 6.9%
树木	2 卡拉

赡养津贴折算成卡路里，平均总数每年超过1151520卡路里，每天饮食中的热量是3155卡路里。[①] 这个数字是约略的，因为这些食物不明质量，而且卡路里含量也是猜测的。而且，如果我们想象一下再加上鸡蛋、咸肉、家庭菜园或田地里的蔬菜和来自森林和牧场的季节性的食物收获，这个数字所包含的食物似乎并不是丰富的食物配给。确切地说，粮食提供了日常饮食所需的四分之三。酒也占有一定的比例。表3-1中没有列出牛肉和羊肉这两项，也缺乏诸如玉米、马铃薯这些未来将成为主食的食物。这和同时期西西里农民及工人的饮食习惯极其相似。[②]

---

① 谷物的比重的多变性、面粉和面包之间的可变比率等意味着使用的估算必然是近似的。在酒方面更是如此，酒质、酒精度数和含糖量有很大不同。然而，关于这些问题的讨论，参考档案 *Histoire de la consommation*, Annales ESC 30 (1975)：402-632，尤其是 B. Bennassar 和 J. Goy (402-30) 和 M. Aymard (431-44) 的书中关于方法学的文章，还有 L. Randoin, P. Le Gallic, Y. Dupuis 和 A. Bernardin, *Tables de Composition des Aliments* (5th ed., Paris, 1973)；G. Galeotti, *Problemi metodologici sulla riduzione dei consumi alimentari ad unità comparabili. Contributo statistico alla definizione di standars alimentari e di scale dei coefficienti di fabbisogno consumo* (Rome：Istituto Nazinoale della Nutrizione, 1968)。

② 见 M. Aymard 和 H. Bresc 的书，"Nourritures et consommation en Sicile entre XIV e et siècle," Annales ESC30 (1975)：597。关于其他的对比和关于相关经济问题的一个重要讨论见 C. Clark 和 M. Haswell 的书 *The Economics of Subsistence Agriculture* (London：Macmillan, 1964)。

但是,我们有关于已脱离重体力农业劳动的老年妇女的饮食习惯资料:她们还吃其他的食物,对她们来说,这些食物只是饮食中最基本一部分。

如上所述的平均饮食表提供了与租赁农户家族历史相关的物质及其具体涵义。现在我们应该弄清楚的是需要多少土地才能维持一个人的生活。如果我们能寻找到其他相关问题的答案那就更好,比如说:一个人能耕种多大面积的土地,对土地过度开发或开发不足时的产出变化如何?这些问题需要慎重考虑,我们也没有期望要得到直接的答案。我另外再说一点:今天的农业经济学已经发展到无法用假设的数字来计算的程度。目前,我们必须试图估算出维持一个成年人生活的生产物质所需要的土地数量。牢牢记住记这一点:我们的估测会因人和土地之间本身存在的差异而不同。

在当时的这个区域,有两种测量土地生产力的方式。第一,对佩雷夸齐奥内进行初步调查,从而为在维托里奥·阿梅迪奥二世时期制定的地籍调查奠定按比例分配税收的基础。[①]关于地籍调查,我们有1701年7月在维拉斯泰洛、基耶里和

---

① 关于 Perequazione,见 C. 和 F. A. Duboin, *Raccolta per ordine di materia delle leggi, cioè Editti, Patenti, Manifesti, etc. emanate negli Stati di Terraferma sino all' 8 dicembre 1798 dai Sovrani della Real Casa diSavoia*, tomo ⅩⅩ, vol. 22, pp. 149 – 371 (Turin: Arnaldi,1854); G. Prato, *La vita economica in Piemonte a mezzo il secolo* ⅩⅧ (Turin: Sten,1908),186 – 209; G. Quazza, *Le riforme in Piemente nella prima metà del settecento* (Modena: Stem,1957), 125 – 204; G. Bracco, *Terra e fiscalità nel Piemonte sabaudo* (Turin: Giappichelli,1981); G. Symcox, *Victor Amadeus* Ⅱ: *Absolutism in the Savoyardard State*, 1675 – 1730 (Berkeley: University of California Press, 1983), 118 – 33。

坎比亚诺的文献资料。① 第二,有用金融术语对土地产量的估算。在桑泰纳,专家出于各种目的对它们进行过评价。

表 3-2:1701 年农业产出(地主份额)

	基耶里	维拉斯泰洛	坎比亚诺
一等土地			
小麦(以埃米娜为单位)	8.5	7	7.66
二等土地			
小麦(以埃米娜为单位)	6	5	2.5
各种麦子混合种植(以埃米娜为单位)			2.5
三等土地			
各种麦子混合种植(以埃米娜为单位)	1.5	1.5	1.165
黑麦(以埃米娜为单位)	1.5	1.5	2.5
四等土地			
黑麦(以埃米娜为单位)	1		
一等种植园			
小麦(以埃米娜为单位)	6	6	6
酒(以勃朗特为单位)	7	6	9
二等种植园			
小麦(以埃米娜为单位)	2	4	2
各种麦子混合种植(以埃米娜为单位)	2		
酒(以勃朗特为单位)	5	4	6

---

① AST, sez. Riunite, Catasto, allegato Ⅰ, mazzo 1, *Villastellone*; mazzo 2, *Chieri e Cambiano*. 10. ASCC, contabilità dell'Ospedale Maggiore di Chieri, 1680 年至 1689 年的平均值。

续表

	基耶里	维拉斯泰洛	坎比亚诺
三等种植园			
黑麦(以埃米娜为单位)	2	3	2
各种麦子混合种植(以埃米娜为单位)			1
酒(以勃朗特为单位)	3	3	3

根据土地使用和土壤肥沃程度,表3-2显示了佩雷夸齐奥内每乔纳塔土地产量的数据。

最终数据表明了征税后的生产净产量,即只指单方面收益——领主的所得。种植成本也排除在外。数据表明了农民十年土地的平均产量。考虑到庄稼两年或三年基础上的轮种(取决于土地的质量),劳动力所需用来维持种植园里葡萄藤生产的因素不在考虑范围内。这就意味着预测的产量相当低。或者是因为调查者单从表面来评估农民自己声称的所得,农民有义务支付税收;或者是因为比起建立全国通行的比较基础,他们对在同一社区内建立土地所有的价值方面的合理评价更感兴趣。佩雷夸齐奥内(Perequazione)的字面意义是平衡(同等化);确切地说,政府的目标是制定平等的税收机制。每年制定的税收机制被用作一种评价手段。

这样的话,自耕农拥有的小农场很可能创造出税收三倍多的生产量。我们知道,税收部分属于领主份额,即在按收益分成(mezzadaria)和租赁方式签订的合同中占实际总产量的三分之一,也就是单方面收益。甚至把种子考虑进来时也是如此。以三分之一的比例来估算这个区域有些低。常规下它

第三章 互惠原则和土地市场

可以产出比五分之一更多的产量。

我们认为几乎没有一等土地会落在农民手里。显然,不到 1 乔纳塔的二等地就足以维持一位成年人的粮食需求(15 埃米娜)。1 乔纳塔的种植园足以为三个人提供足够的粮食和酒。17.5 里拉足以买到一个人一年内所消耗的奶酪、油、食盐。以 17 世纪 80 年代的价格标准,在基耶里,19 里拉能够买到 2 卡拉柴火。上述必需品都需要购买。它们的价值大约相当于 0.5 乔纳塔普通等级的土地,或者比 1 乔纳塔种植园更少土地的产出(10 勃朗特的酒和 8 埃米娜的粮食)。保险地说,维持一个人一年的生活所需,要花费 1.5 乔纳塔的土地。把这些数字换算成 17 世纪 90 年代的价格,我们每年需要 86 里拉。

不同公证材料中的土地收入和数据预估得出的结论是相同的。比如说:1686 年,乔瓦·巴蒂斯塔·托雷塔计划出让 1 乔纳塔的种植园土地里一年的粮食收入和两年葡萄收入所得,来偿还 70 里拉的债务。撇开他的债权人必须投入土地生产的劳动力来说,这和上文例子中涉及的货币数据以及这些数据是如何得出来的都非常相似。① 再举一个例子,在 1687 年,对当地两位乡绅(受人尊敬的维托里奥·霍雷肖·内格罗和外科大夫乔瓦尼·安东尼奥·泰西奥做了一笔土地交易)财产收入进行的评估显示,平均每年 1 乔纳塔的土地的收成

---

① ASCC, Insinuazione, *Santena*, vol. 3, fol. 373, *Retrocambio fra Gio. Battista Torretta e Gio. Michel Tosco di Santena*, 1686.3.4.

为56里拉。① 我们也可以找到其他的例子，但是所有这些例子似乎都证实了地籍调查簿上的数据，因为甚至相当多不同的来源例子都显示了几乎相似的数据。

画面开始清晰起来。例如，从绝对意义上来说，嫁妆仅等值于一年多一点的生活费，并且来自土地的年收益甚至还不能买足量的面包伴侣如奶酪、油等等。小户农民的粮食量一定还比不上相对富裕的租赁农户家族中的寡妇们，虽然他们的菜园中和与粮田接壤的菜畦上产出的农产品还能为他们提供食物。一户由4个成年人组成的家庭，如果他们想光靠种地完全自给自足又不用到外面找活干，或者也就最多卖出点农产品（酒和谷物）去买回盐和奶酪，那么他们至少需要4乔纳塔的土地。

随着玉米和桑树这两种新农作物的引进，本已不多的用来维持生计的土地面积急剧缩减。虽然地籍调查没有把这两种作物考虑在内，但是综合从土地价值和种植密度角度来看，这两种经济作物完全改变了皮埃蒙特地区的小农经济形式。这两种农作物没有出现在地籍调查中，证实了一个假设——我会再回到这点上——那就是在佩雷夸齐奥内估算的货币收益额要比实际收益额少得多。

我们无法测量这个地区的玉米种植的推广程度。早在多

---

① ASCC, Insinuazione, *Santena*, vol. 3, fol. 250, *Permuta o sia cambio tra il Molto Reverendo dig. Don Vittorio Horatio Negro e il Signor Gio. Antonio Tesio, cirogico di Santena*, 1687.4.26.

第三章 互惠原则和土地市场

梅尼诺的家族史中,我们就发现了玉米种植的线索。多梅尼诺家族最后一代的寡妇留给了她的父亲塞巴斯蒂安·斯卡洛诺从玉米地那里得到的收益。后来到了 18 世纪,这种高产量的农作物成了农民们最基本的食物。它在 17 世纪时就被大量地引入皮埃蒙特地区。玉米培植经历了两个增长阶段,第一阶段是在 1630 年的瘟疫后,另一阶段在 17 世纪末缺乏食物的几年,也就是本书中故事发生的年份。当一个社会处于混乱中,从前的价值框架就会逐渐倒塌,社会将变得欢迎(或者说无力抗拒)技术革新,更愿意适应新的生产条件。[1] 我们可以推断出在 17 世纪末玉米地已不再是零星地分布在桑泰纳;公证文书里关于玉米的种植记录也由零散变得越来越系统,因为这数十年来抵制玉米种植的心理障碍一旦被扫除后,玉米这种农作物在桑泰纳得到了广泛推广种植。

为养蚕而种植桑树的活动在文献里有更详尽的记录,因为在集市上人们谈到土地情况经常首先就提及桑树种植。

蚕的饲养使得童工和女工也集中地劳动。和与生活紧密联系的产品一起,它给家庭预算注入了一笔很重要的资金。仅仅几盎司的种子就能够最终解决上交税款、购买家畜、偶尔的小额消费等问题,这使农民家庭都特别想尝试养蚕。

再一次,地籍调查簿中没有关于桑树的记载,尽管桑树已经遍布皮埃蒙特地区的平原和丘陵。甚至更有趣的是,后来

---

[1] 见 G. Levi, "Innovazione tecnica e resistenza contadina: il mais nel Piemonte del'600," *Quaderni Storici* 14 (1979): 1092–100。

尤其在基耶里地区出现了桑树文化。

玉米种植却是完全不同的情况。仅在一些特别的情境下,它才会被估价,而且它引进得更早,特别在卡纳韦塞地区很早就开始玉米种植。与小麦、黑麦和混合种植的麦子相比较,玉米的高产量和低市价改变了农民的饮食结构。即使广泛地种植,它也主要是家庭内消费,在一些地方甚至没进入市场,所以在计算土地收益额时不可能会有玉米收益在其中。

另一方面,土地调查员低估了与蚕丝类产品有关的活动所扮演的商业角色,他们的低估很可能是出于一个纯粹的经济原因:想鼓励养蚕活动,而并非由于他们进行农事评价的技术有限。同桑树种植没有被提及一样,养蚕也没有纳入土地收益估算的范围。还有,桑树从未被整齐有序地栽种,而是零散地被种在房子、院子周围、马路、河道两旁,或者在耕田旁。桑树分布广,数量也在增长,但是要计算出总数或明确指出它是怎样被引进到每个地方是十分困难的。40%多出售耕地的文书上提到了 con moroni(桑泰纳方言,指桑树)。然而,要经过长时间的跨度,这些依靠太多可变因素的数据才能给出有意义的量化。和其他地方一样,在基耶里,我们有文献记录:特别在17世纪60年代之后,人们当时对桑树文化迅速而普遍的传播深有体会。例如,1676年11月24日安东尼奥·加尔加诺给基耶里市政会写了封信,信里他说道:"正是因为桑树数量每天都在迅速增长,丝产量才得以实现一年年越来越大的飞跃。"①桑树的碎片化种植,再加上小户经营、桑叶采摘、蚕的饲养等与家庭纺线之间的密切联系使得农民普遍从事桑树种植,这成为他们家庭收入的重要来源。另一方面,这些特点也造成了信息的收集困难,很难通过每家每户的调查来评估这项复杂、多步骤的生产活动——只要农民没别的事情要忙,就会把时间都用在种桑养蚕上——在经济上的重要性。

渐成气候的养蚕活动已成为了我们正在考查的系统的逻辑一个很重要部分。这一逻辑是选择性的,它很快能分析出技术革新给农民家庭带来什么好处和坏处。所以我们有必要简单回顾一下前面提到的安东尼奥·加尔加诺早先进行的尝试,他试图将在博洛尼亚发明的纺线设备引入基耶里的周边地区。

与其他的生产活动不同,从农民手中购买蚕茧以及少数大型商家、出口商的生丝、绢丝线的集中贸易,这一复杂的网络是通过地方复杂的渠道实现的。正是由于这个特点,蚕丝工人开始越来越无法抗拒更先进更集中化的纺线技术的使用。在一些地区情况尤为如此,例如我们所关注的基耶里地区:稳定的棉工业带来了纺线设备在农户家中的广泛推广。仅在波伊里诺和里瓦,家庭纺线和棉制品的编织都有了一定程度的地方专业化,但是在坎比亚诺、维拉斯泰洛和桑泰纳这三个地方没有。在桑泰纳,78%的人死后的财产清单上都列

---

① ASCC 58, *Ordinati*,1676.

有一些纺线设备,并且大量的嫁妆和寡妇的遗产记录表明妇女主要靠纺线劳动给家庭增加了收入。

当然家庭纺线不是基耶里特有的现象,因为在皮埃蒙特地区处处都有。拉科尼吉早期丝工业的专业化和集中生产新技术①的成功可能会使它看上去像一个特别有竞争力的企业家们的孤立事件——这些企业家不是沉浸在普遍存在的"春风得意"情绪中,而是积极主动走在他人前面从事改革。事实相反,它的不同有其他的原因。其他地方也有类似采取工业集中化的尝试,但是都失败了,因为家庭工业极具活力,农民对工业集中化的抵制,以及已经高度成形的系统的惯性等方面的压力。我们所说的基耶里地区就是活生生的例子。

也许这一系列的原因导致 1669 年(甚至比住在拉科尼吉的佩罗家族的生产活动时间要更早)安东尼奥·加尔加诺在基耶里尝试引入缲丝厂和水槽(名为 Alla bollognesa)没能成功。四年的尝试过程中,他所耗费的财力物力价值将近 2400 里拉,"我不知道是否由于经验不足,还是由于我从米兰请来的策划人不行,还是运气不好"。加尔加诺不得不关闭缲丝

---

① 见 C. Poni, "All' origine del sistema di fabbrica: tecnologia e organizzazione produttiva dei mulini da seta nell'Italia settentrionale (sec. XVI – XVIII)," *Rivista storica italiana* 88 (1976):444 – 97; C. Poni, "Misura contro misura: come il filo di seta divenne sottile e rotondo," *Quaderni Storici* 16(1981):385 – 422; P. Chierici, "Il 'sistema di fabbrica' in una città dell'Ancien Régime sabaudo: Racconigi. Appunti per una lettura del fenomeno rubano," *L'ambiente storico. Archeologia industriale in Piemonte*, nos. 1 – 2 (1979):45 – 82。确切地说,法国商人佩罗一家是在 1672—1673 年间搬迁到拉科尼吉的。

厂,尽管众所周知缫丝厂设备闲置时比运作时更易损坏,所以他在拉科尼吉和阿斯蒂将它们出售。① 这个事件在我们的讨论范围里当然不是我们最感兴趣的,但是对我来说很重要,因为它证明了以家庭为单位的生产形式的效果有时能够胜过一些从技术角度来看更有效的方法。丝工业乃至桑树的重要性——重新回到地籍调查簿——证实了这样的可能性:当我们努力计算能够维持一人一年生计的耕地量时,低估了土地的产出量。

因此我们能推断,一户由四个成年人组成的家庭有2.47英亩的土地就能自给自足。确实土地的量是不多,它的量少也致使冲突和紧张形势的出现。文书中记录了一系列关于土地继承、交换、争论和没收等情况。这是一个微小的市场却也是个令人晕眩的市场,农民也许更会用能支撑几个月的生活来衡量它而不是单用货币。

但这是一个真正的市场吗? 在前一章节我说到过租赁农户家庭将买地作为一个重大的分化战略,这样他们在服从封建领主之权威的同时也能保持自己一定的灵活空间。让我们往下看社会底层,可以发现农民的生产劳动越来越到了仅是为了糊口和纯粹生存的地步。家庭拥有的土地极少,在这小面积的土地上也许密集地种植了玉米。他们也不时地去出卖劳力和通过养蚕、养猪来维持生活。与家庭富裕程度成反

---

① ASCC,58,*Ordinati.*

比,职业的多样化范围越大,就越极大限制了这个农民群体。

　　土地的私人所有制和它的频繁转手是这个社会价值体系的中心部分,特别是对于极为贫困的农户来说更是如此。人们基本的物质需求由土地来提供,公证文书上很大一部分也都是和土地、房屋的交易有关(如在桑泰纳,三十年间,土地交易就有506笔,房屋交易有258笔)。这在贫户中更明显,因为那些很少去找公证人的家庭,仅仅在土地需要转手时才会这样做。

　　我们不得不转而来看这一系列文书,因为对人物的研究无法让我们深入了解最贫穷或许也是最不稳定的家庭的情况。

　　然而这也存在很多难题。首先,不可能从完全正式的条款当中阅读个体经济的行为,以及依据经济优势最大化原则去分析每笔土地交易——在这个领域比其他领域尤甚。在现实中,似乎调控了如此之多的土地交易的市场机制掩盖了有关资源、权力、生存、团结和现有社会关系与价值的延续或革新等几个方面的普遍问题。将个人经济地位最大化的趋势可以和所有这些并存,但是也可能发生抵触作用。它是一种结果,而非为整个系统提供运作原则的目标。在这些交易中,除了令人印象深刻的数字外,最立即可见的因素就是巨大的价格区间。当时,土地交易成了密集的商业市场,但是市场的运作并不能明确告诉我们土地是怎样成为可售之物的,而且也让我们对市场交易的性质感到困惑。

　　为了解决土地价格大幅度、明显任意波动的不一致性的问题,我提出了下面的假设。

a)商品的相对价值并不是完全任意变动的。它由社会形势决定,并且它的存在也为维持这一形势的稳定。这就是说,土地的价格是与具体的社会情境的特点相称而得出的相对值,并不是紧缺商品客观的供需关系带来的结果。[①]

b)商品的相对价值对于社会各个阶层的意义是不尽相同的。合同双方财产的多少和社会地位的高低关系到这个意义的不同。这一意义上的社会多样性造成了土地交易有着各种并行的但又彼此区别的渠道。首先最根本的区别就在用于买卖的土地大小上。在这里,我只会关注那些高度碎片化的农有土地,80%的交易中土地面积都少于1乔纳塔——约0.8英亩的土地——没有超过4乔纳塔的了。在我们考查的整个时期内,没有一块由封建领主拥有的和租赁给租户的大一点的土地进入市场。这些小额田产的买卖中,双方的亲属关系和地理上的远近关系在价格和交易的性质上起决定性的作用。

c)17世纪末在桑泰纳的情况也不例外。旧制度时期的皮埃蒙特许多地方都普遍存在着这样的土地交易制,桑泰纳只是其中一个。[②] 在面对君主专制对土地做的财政统一和商业

---

① 见 K. Polanyi, *The Livelihood of Man*, ed. H. W. Pearson (New York: Academic Press, 1977); E. Grendi, *Polanyi* (Milan: Etas Kompass, 1979)。

② 例如,我对亚历山德里亚市附近的费利扎诺市的一个类似问题进行过研究(见 G. Levi, "Terra e strutture familiari in uan comunità piemontese del '700," *Quaderni Storici* 11[1976]: 1095 – 121)。A. V. Chaianov, *The Theory of Peasant Economy*, ed. D. Thorner, B. Kerblay 和 R. E. F. Smith (Homewood, Ⅲ. 1966年由美国经济协会 R. D. Irwin 发行)。

统一这个压力,17世纪最后几十年,市场出现迅速变化(虽不是直线式的变化),市场价格以更为同质的方式波动,人们称这个为"供需关系的运动"。然而,出于公正(与出于价格)的关注仍然并存,并且一些社会阶层认定相对价值是具体社会环境的产物。此外,在这个时期,交易的价格主要靠买卖双方协商确定,而不是靠市场竞争,而且它也反映着交易发生地的相关背景。

以上是我的假设。我们在考查17世纪末的皮埃蒙特社会,在这里财产不是直接全部给长子继承,而是平均分给后代。虽然遗嘱里没有把固定财产分给女性后代的风俗,但是她们会得到一笔现金以作嫁妆,作为没有分到家里任何土地的补偿。这种财产继承制促使财产的分化,同时存在的还有大量的土地契约,这预示着土地交易的自由开放。

土地的自由贸易是引发大量争论的一个问题。它不仅和用于解释由封建关系、亲属关系以及社会关系控制的经济行为方式的各种模型的适用性有关,而且和土地转手的灵活性有关,该灵活的方式实现了据人口需要而对土地规模进行调整。它对于土地结构在更广的社会背景中的角色作用也有着更普遍的意指。例如,以17世纪之交的俄国为背景的齐艾阿诺夫提出的模型,它认为人口因素和家庭结构比可以利用的土地量的推动作用更大。土地充足时,随着更严格的家庭生活中的人口需求,土地量一般会或增加或缩小。M. M. 波斯坦也做了类似假设,他断定:早在13世纪末的英格兰,土地就有高度的商业流动性。他把重心放在家族结构的规模上,认为

第三章 互惠原则和土地市场

它是促使农民出现社会分层的主要原因。① 其他的学者则强调土地所有制的坚不可摧和君主在农民的土地财产本身和转手上的权力②,但是他们解释不了早期存在的土地交易集中化的现象,而且也引发了人们从意识形态上来给出大量解释。其中就有艾伦·麦克法兰自相矛盾的结论。在麦克法兰看来,那些早期的商业化土地的主人能自由地处置他的土地,而不用受任何来自司法、社会、社群和家族的束缚。这使得英格兰与深陷农业社会的欧洲大陆形成对比,而且也成为新兴的个人主义、传播广泛而非人格化的重商主义和资本主义的热衷之地。当然,在此我不想讨论任何一个观点在大量观点中带来的长远结果。然而麦克法兰实际只单纯考虑了农民买卖土地。这足以消除他对买卖土地现象之重要性的疑虑,但同时也导致他得出一些错误的结论。③

---

① 关于中世纪英格兰土地市场的争论就是例证之一,首先在于它的规模和多样性。然而,一种错误的观念占主导地位。这种观念认为在定义上,集中的土地商业交易与客观市场是相吻合的。M. M. 波斯坦和 C. N. L. 布鲁克合写了一本著作 *Carte Nativorum, A Peterborough Abbey Cartulary of the Fourteenth Century*,该书揭示了农民中的土地买卖现象。这本书(Northamptonshire Record Society 印刷,Oxford: Oxford University Press,1960)发行后的一段时期,争论转向了自由土地市场的存在问题。A. Macfarlane 的 *The Origins of English Individualism: The Family, Property and Social Transition* (Oxford: Blackwell,1978)一书是极端主义流派对客观土地市场存在肯定的主要观点的代表。该书由于许多肤浅的论断而引发了许多争论。

② 以 M. M. 波斯坦自己的书开始,M. M. Postan, *Essays on Medieval Agriculture and General Problems of the Medieval Economy* (Cambridge: Cambridge University Press,1973)。还有 P. R. Hymans, "The Origins of a Peasant Land Market in England," *Economic History Review*,2d series,23 (1970):18 – 31; R. H. Hilton, *The English Peasantry of the Later Middle Ages* (Oxford: Oxford University Press,1975)。

③ Macfarlane, *The Origins*,80 – 130.

无论在空间和时间上,桑泰纳都与上面所讨论的13世纪的英格兰相差甚远。它似乎也不可能在17世纪末使农民有自主自治的生产特点。皮埃蒙特地区农民普遍的社会地位,缩衣节食的家庭消费水平,进入活跃的谷物市场的机会,甚至还有他们对钱的使用和货币计算的精通程度,这些方面都和中世纪的英格兰社会相差很远。

然而,更进一步考察地价,我们会发现有许多疑问。在现实中,与黑死病流行时期英格兰非人格化的市场有关的论点被学界用一个依据来批驳,这个依据就是亲属关系。在家族内部流通的土地,以及这个市场与现代市场有多大程度的相似是由交易中的亲属关系来度量的。然而要重现亲属关系是件不容易的事,因为那时没有人口记录,而且姓氏也不确定。我们将调查限定在同一姓氏的人之间,且它不包括当一位女性从一个家族到另一家族时的联姻关系。这个考察解开了我们的疑虑。

更进一步来看,即使有文献记录可供参考,讨论就会更真实吗?兹维·拉齐在最近一项研究中断定30%的土地交易发生在亲属之间——人们认为这是14世纪后罕见的——与伯明翰西面的黑尔斯欧文形成明显差异,在黑尔斯欧文,从1270至1348年间,63%的土地买卖是在家族内部进行。虽然没有严格的立法限制个人处置土地的自由,但是强烈的道义限定了土地的自由买卖,将它个人化,并使其被一系列的义务和扭

第三章 互惠原则和土地市场

曲的东西束缚住。①

即使我们将家族谱系描述得纤毫毕现,问题仍然存在。现实中,客观的市场是以买的方式为特征,而不是从谁那里购买。因此,现代市场的典型特征就是买卖双方广泛和不被控制的竞争,这种竞争决定了价格。而且,客观的竞争是它与以一对一的协商为决定性因素的交易环境的主要区别。在后者情况下,交易合同双方的关系占据主导地位,这使它不同于其他形式的交易。② 总而言之,人们并没有证明资本主义、客观

---

① Z. Razi, "Family, Land and the Village Community in Later Medieval England," *Past and Present* 93 (1981):3 – 36. 关于黑死病之后亲属间的交易萧条的评论见 R. J. Faith "Peasant Families and Inheritance Customes in Medieval England," Agriculture History Review 14 (1966):77 – 93; B. Harvey, *Westminster Abbey and Its Estates in the Middles Ages* (Oxford Oxford University Press, 1977); C. Howell, *Land, Family and Inheritance in Transition: Kibworth Harcoutr* 1278 – 1700 (Cambridge University Press, 1983). 还可以见艾伦·麦克法兰, *The Origins*。

② Clifford Geertz (*Peddlers and Princes: Social Development and Economic Change in Two Indonesian Towns* [Chicago: University of Chicago Press, 1963]) 描述了这种价格形成机制,称之为"下滑的价格体制"。Geertz 说,"这种下滑的价格体制要创造一个环境,由于价格体制大多处于牢固的经济体中,这种环境下的主要竞争压力不是来自于卖者之间,而是来自于买卖双方"(p. 33)。事实上,这种协商图景要把交易作为两个人之间的特殊关系分离开来,因为需求的弱点使得每次创造使出售可能的条件成为主要问题。因此买卖双方的协商不是客观的而是高度个人化的。协商后形成的价格逐渐缩小买方所要求的价格和卖方想支付的价格差距,使两者紧密综合。这种机制是市场经济的核心。关于市场经济见 C. Geertz, "Suq: The Bazaar Economy in Sefrou," 在 C. Geertz, H. Geertz 和 L. Rosen 的书, *Meaning and Order in Moroccan Society* (Cambridge: Cambridge University Press, 1979),123 – 264. Geertz 使用的协商模式在 R. Cassady, "Negotiated Price Making in Mexican Traditional Markets," *América Indígena* 28 (1968):28 – 51 图表中表现出来。文中随后的几个段落我将讲述这个模式。我相信我们可以在对"下滑的价格系统"中的价格混乱的简单思考之余,提出允许更加精确测量的社会规则。

市场或可自我调控的市场不能从亲属之间的交易中出现。农民群体因为规模小而引起亲属间高比例的买卖,并且群体越小、土地越贫瘠,这个比例就会越高。而且,本村居民对土地的潜在需求量比外来人口更高。但是这能充分说明自由土地市场的存在或者不存在吗？事实是如果今天我们中谁向他的兄弟购买了土地,那么他所付的钱很可能和从外人那里购买是相同的,因为即使在亲属间价格也是由普遍客观存在的市场决定了的。

这样,相比于谁买谁卖,交易的机制是什么和价格的设定方式更重要。这个机制会证实在交易市场上亲属关系的真正分量。

我们的出发点是这样一个假设:价格反映了一个潜在的土地市场。然而只有在由供需决定价格水平和由质量决定价值的完全客观的市场里,我们才能真正地说货币最大化结果所控制的经济形式产生了。

让我们回来看桑泰纳,从抽象的角度看,这里的土地交易被亲属关系和社会关系束缚着,但是它并没有使价格消失而是改变了它。图 3-1 显示了 17 世纪末桑泰纳的耕地价格。皮埃蒙特的 1 乔纳塔土地(0.8 英亩)的单价变动范围特别大:从 20 里拉到 500 里拉,25 倍的差距让人觉得不可思议。

图3-1 1669—1702年间的耕地价格(每乔纳塔)

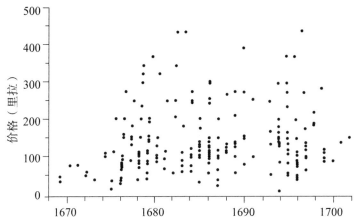

图3-1中的数据全是耕地①,总的来说它们都用来种谷物了,没有多少土地用来栽种葡萄树等树。只用于专门用途的土地(菜园和大麻田),还有被洪水影响到的沼泽地和砾石地没被包括在其中。表中土地在质量和打包出售的面积上都差不多;它们都被测量过,大约在1乔纳塔左右,虽然实际面积也有可能少些。我没有把零碎的小块土地买卖的数据包括进去是为了突出大块的土地,大块土地的价格完全是任意的,无需对土地进行细致的分类,因为买入和卖出的价格是无关的。

土壤肥沃程度的不同当然是个更大的问题,但即便这个似乎也不能极大地影响土地价格的大幅度变化。桑泰纳的土

---

① 同样的,这是专门针对可耕种土地而言的一次讨论。土地被应用于其他更商业化或更专业化的耕作类型是有可能的。因为与眼前的生活联系不紧密,可能就呈现出另一种情形。所持土地的构造和家庭生活圈子之间有明显的联系。我已试图在先前引用的"Terra e structure"中将这种联系表现出来。

地大都是同一个等级。(这在地籍调查中是很明显的。)正如我们所看到的,最好的土地属于贵族和教会机构,并且集合在一起构成农场(cascine),在租赁合同的约束下进行耕种。在这三十年里,这类土地从来没有出现在土地交易中。在市场上交易的让我们感兴趣的土地是一些极小的且分散的地块。这些土地归农民所有,在17世纪的税务名单上被宣布为第三或第四等土地。

此外,如果我们考量17世纪桑泰纳当地的土地实际估价,就会发现大致可分为五个等级,分别在模态估价的基础上依次加上或减去25%。① 然而,这样的估价是基于不全面的调查上的,仅包括自由闲散的土地(与封建采邑土地完全不同),所以这种一致性可能使人产生误解。尽管如此,税务的征收仍然依据这个与实际情况相去甚远的标准,用同一标准对贫瘠的土地与肥沃的土地进行征税,过于苛刻,必然导致紧张的局势和抗议,势必给当地带来灾难性的后果。

虽然这个问题很复杂,但阿梅迪奥二世统治下开展的税务调查证实了与17世纪中期大体一致的情形。这个税收普查的目的不止一个。不仅旨在设立一套平等的土地价格体系,还旨在能够对整个国家的农业收入做个整体比较。桑泰纳有限的估价范围似乎要证明围绕模态数据的波动极其细微,因为绝大多数农民土地(图3-1所依据的土地)变成了第三和

---

① ASCC,143/1,Catasti,vols. 85–93, *Estimi, consegne trasporti*,1664–82.

第三章 互惠原则和土地市场

第四类土地,所以财政估价的范围也很小。尽管如此,实际上,地籍调查簿里的几组数字与转手的土地价格一起大幅度变化。

阿梅迪奥二世时期佩雷夸齐奥内的另一个问题就是:进行土地调查的技术人员意见不一致。土地调查是为了对作为税收依据的收入评估做准备。而在大约三十年里,他们收集数据后使用的是三种不同的估算方式。最初(1698—1711),土地测量师对土地都做了调查,以十年为平均产值做统计。之后(从1716年开始),负责地方监督的行政长官被要求核对并修正这些数据。最后(1718年以后),所有1680—1690年和1700—1717年记录在案的土地买卖合同都被重新核查。其结果令人不安。数据差异如此巨大且令人费解,以至于最后政府不得不回到最初第一阶段通过直接观察所收集的数据,虽然这些数据带有调查者的一些主观因素,但政府也不得不放弃在后期数据基础上进行修正的想法。①

在我看来,土地买卖合同的审查特别有意思。很明显,合同的来源缺乏同一性,而且每个合同具体情况的细微描述都需要辛苦的逐案分析,这在很多社区中都是很难进行的。② 或许,要

---

① 事实上,1731年5月5日发布的最终佩雷夸齐奥内的法令是基于1729年专家们的一个调查和修订。然而,到最后,该基础保留的仍是土地测量员最初的估价。见 Bracco, *Terra e fiscalità*, 43 - 54。

② Prato, *La vita econimica*, 192 - 201,试图使用这些价格数据,至少使用他们以五年为一个时期调查的方法(在 AST, sez. riunite, Finanze 2d arch., fol. 21, nos. 292 ff.)。Prato 说道:"每个省用的普遍方法都存在极大的差异性;而城镇之间的同样广泛的差异性让人更加印象深刻。"(p. 198)但是他并不怀疑政府职员记录数据的商业可靠性。然而,他卓越的书可以追溯到八十年前的历史。

解释清楚土地价格的随意性质和交易的货币价格的任意波动更是难上加难。测量员们对估价那些零散的土地(这些土地并没有遵循市场规则)，或聚集成更大块的土地(这些土地是按照利润最大化的经济逻辑来进行交易的)都没有做好充足准备。所以，测量员们无法对土地价格随意波动进行解释，因此，他们永远不清楚操纵这个土地市场的真正法则，即自主调节着自由市场的那种抽象法则。我们会看到这个法则对估价及土地市场之后的走向产生怎样的结果。此时，足以说明，也许我们看到这些土地价格的变化时，也会同萨伏伊公爵的代理人一样惊奇。

有些因素正在努力改变价格，或许这些干扰因素就在支撑这一市场的复杂社会现实中。亲属、邻里、友谊、代理及慈善等都改变了价格，社会中的团结与冲突也参与其中，不像决定它们的价格那样，促成交易迅速实现。那么这种改变是朝哪个方向呢？

让我们从卡尔·博兰尼的建议开始，他认为经济应该按目前占主导地位的整合形式——也即连接经济进程各项要素的制度化运动——进行分类。经济维度不应被孤立看待，而应放在连接物质流的各种关系，以及政治文化领域和社会关系的大背景下整体看待。①

桑泰纳这些年的众多土地交易似乎具备一种工具性的功能。物质流通——尤其是土地流通——体现了社会关系，同

---

① K. Polanyi, *The Great Transformation* (New York: Farrar an Rindehart, 1944) ,88 - 98; K. Polanyi, *Primitive, Archaic and Modern Economics*, ed. G. Dalton (Boston: Beacon,1971) ,3 - 25,59 - 77,116 - 206.

第三章 互惠原则和土地市场

时反过来又受其影响。

那么,我们需要研究的是互惠关系的相互作用。互惠概念的使用让我们以超越同等交换和超越同行间均势的方式思考土地交易。活跃于土地市场的互惠性表明,事实上背离平等交换原则是正常的,而且正是通过这种背离,我们才能察觉到互惠、社会关系和物质环境之间的相互作用。

马歇尔·萨林斯提出以连续形式给互惠类型分类,这种形式是通过发起交易的方式来定义的,即通过自然偿还、货物交换及开始交换与偿还的时间间隔的方式。①

可以肯定的是,将该分类法单独运用到一种商品的交换中,及将其应用到已不再进行土地交易的桑泰纳人民之间的物质相互作用中,都有着歪曲该分类学的危险,要记住这种局限。然而这种简化图式的使用让我们观察到各交易方之间的社会距离是如何影响交易模式的。亲属间的亲疏程度和社会地位的不同都决定了隐藏于土地交易市场的互惠形式。

逻辑上看来,价格水平会根据亲疏程度呈递增变化,从近亲到远亲,然后到无血缘关系的邻居,最后是外人。因此,人们可能从亲戚关系所生成的互惠——从至少是部分的团结和相互协作的交易模式——过渡到平衡互惠和同等货物互换,再到负面互惠。负面互惠是具"进攻性"的交易方式,在这种交易方式下,远近关系几乎没有起到什么作用。

---

① M. Sahlins, *Stone Age Economics* (Chicago: Aldine – Atherton, 1971), 185 – 230.

如果我们采用萨林斯关于互惠的定义,那么可以猜想互惠类型很有可能以一种具体方式来将交易模式化。一般来说,我们可以猜想这种交易是通过这样一种价格尺度来体现的,即关系越疏远,价格越高。①

桑泰纳的土地交易方式,虽然它能证实缔约双方社会关系的相关性,却出人意料地表明了一个相反趋势:交易中的人关系越疏远,价格越低。

我们看到的是土地——土质相对统一的小块土地——在市场上的快速流通和土地转让中正规法律制约的缺乏。这些体现客观市场并隐含着价格必定统一的因素却反而伴随着单位价格的大范围变化。摆脱这一矛盾的唯一方法就是看所有的土地买卖合同中合约双方之间的关系。这也是图 3-2 中三个部分所体现的内容。

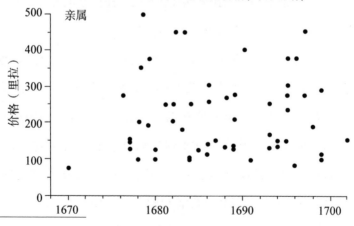

图 3-2　1669—1702 年间的耕地价格(每乔纳塔)

① 这是马歇尔·萨林斯在《石器时代经济》一书中提到的,尤其在第 199 页描写互惠政策的图表中体现的。

续图

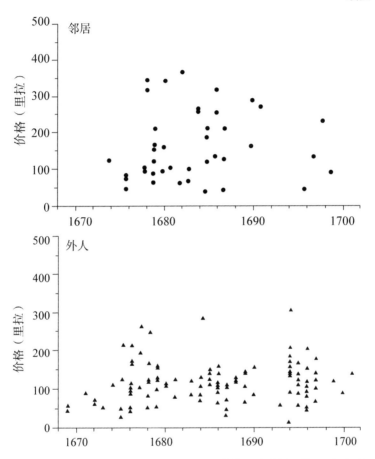

图 3-1 与图 3-2 叠加一下。同样的交易提供了它们的数据,但在这里买家已经分成了亲属、邻居和外人。很明显,我们有三种不同的行为模式,高价存在于亲戚间的交易中,中间价格在邻里间,而最低的价格保留给了外人。外人不是当地的贵族,就是来自附近村庄、镇上或基耶里城、都灵城的买家。这就证明亲属间的亲疏距离起到了与预想相反的作用。

当然我们讲的是趋势。要确定这里的亲属关系,就需要重建所有家族成员的家谱及所有婚姻联盟和"精神"血缘关系链的家谱。显然,即便是将家族资料认真归档和交叉归档,要描绘出桑泰纳情况的全貌也是不可能的。① 此外,很难估算当亲属关系被视为有足够的约束力和意义去创造一种整体上互惠的义务,其时间跨度大概有多长。这种亲属关系的维系很有可能与主观选择联系在一起,而这种主观选择会因家族而异。

邻里关系同样也很难确定。是不是邻居都没有多大关系,而且,在小型、关系紧密的村落里,邻居通常也是亲戚。邻里是通过所拥有的财产的边界来定义的。它更多地指的是纯粹的经济利益,而非人际关系因素,是地块开发中的潜在收益,以及将极小的地块组合在一起的潜在趋势。

外人则比较容易识别。外来买家通常与卖家有着不同的社会地位、居住地或原籍。很自然,亲戚和邻里的关系可能就不知不觉地在关系网的人物重建中被忽视。

那么,我们所看到的是一种趋势,即图表中所指的聚集更加稠密的区域。但结果似乎充分表明有一种法则在土地交易中发挥着作用。互惠原则对价格水平和交易性质都有影响。

下面我们需要对这种模型的各个组成部分进行明确定

---

① 通过三代人,我们已建立了82个宗系。关于婚姻注册簿上的空缺、桑泰纳外的婚约的脱漏,以及许多婚配没有证人致使我们的记录还有很多不确定和模糊的地方,具体我也无法估计。

义。我们在此讨论的土地位置相对偏僻;价格不稳定且无法明确定义;而且土地的总体流通裂变成了数量巨大的交易,这些交易不表明它们之间的内在联系,而是建立在人与人之间——更好地说是家庭之间——的关系之上的。供求关系是偶然的,且每个交易行为并非基于卖家之间的竞争,而是基于买卖方之间的个人关系。不过,在市场交易中也出现了可识别的规则,这些规则让我们能通过社会距离来解释我们所绘制的价格尺度的差异。首先,正如我们所见,在市场上交易的土地都是高度分散的,而且我们最初的设想(关于把小地块组构成大块土地的策略)是站不住脚的,因为这种策略根本不可能。偏僻的地块很难到达,也很难耕种。而且,最主要的是,对土地收成的监测也出现了问题,这意味着由于土地不能被利用,而经常会被出售。土地合并的逻辑只出现在邻里间的土地交易中,或在极少数的土地交易中,买主能成功将一些分散的耕地组合成一整块土地。除此之外,出售土地通常是身不由己的,纯粹是由于家庭生活陷入某种危难时刻的需要,或者是由于伤残和死亡导致的家庭瓦解后的需要。设想一下,卖家在市场上出售他的那一点点土地,谁会想买呢?

卖方的亲戚可能已经通过其他方式来帮助他,借现金或更有可能借实物,以帮助他走出困境。从亲戚的不幸遭遇中坐收渔翁之利是让人无法接受的;而且,占有他的土地违背了亲属间相互帮助的职责。举个例子,1681年,一名男子以112里拉5索尔迪的高价买了他表妹37.3塔沃拉土地。然而,在一系列的交易和债务中这是最后的一笔：1680年，买猪肉45里拉；追溯到1678年，买猪肉9里拉10索尔迪；买药6里拉；20里拉10索尔迪作为现金债务；4里拉10索尔迪用于支付3埃米娜的燕麦债务。还要支付1里拉给测量员测量土地，10索尔迪给公证人。实际上签署合同时只需要支付26里拉5索尔迪。①

再举个例子，斯特凡诺·博尔加雷洛的岳母欠他265里拉，"这是1695年连续九个月的时间里供养她的费用，包括购买皮毛大衣的17里拉，支付税务的11里拉，还有6埃米娜小麦作价28里拉，以及七个月间犯前述疾病的花费，加上支付给镇上的药师的20里拉，包括处方和从他药店里送来给她的［其他］东西"。她的女婿"一次又一次地"要求还款。而她，"不知道该怎么办，目前正遭受战争破坏带来的伤痛"，决定通过以高昂价格把她拥有的草地卖给他以抵债务。②

这只是些例子。在这些例子中过去土地交易行为的历史以详细的方式得到讲述。很多交易行为，即使细节不够详尽，也都与上述的两个例子类似。公证书只是注册了许多最后批准的且无异议的合同、口头和书面的交易及支援形式以及在销售行为中完成的交易。销售过程本身就是留下痕迹的关系

---

① ASSC, Insinuazione, Cambiano, vol. 16, fol. 487, Compara di messer Gio. Francesco Converse fu Matto di Santana da Sebastina fu Antonio Grosso e vedova fu Gio. Battista Cortazza di Santena residente sulle fini di Cheiri, 4 october 1681.

② Ibid. , vol. 20, fol. 368, Dazione in paga fatta da madama Andrea e Gio. Battista, madre e figliolo Romano a favore di messer Stefano Borgavello di lire 265, 22 october 1696.

的一个阶段,它扮演的角色就是使得亲属间互惠在其他阶段的具体证据隐蔽起来。当诉诸公证时,这是一项交易的最后批准环节,在这个交易中社会层面比物质层面更重要,由此纯粹象征性的因素以及地位与角色的确认就造就了一个虚假价格的形成。土地交易发生在一段长时间的单向物品流通之后,这并非偶然。而单向物品流通也证实了时间、质量和数量的不确定性并伴随着期望和偿还的义务。

  换言之,在家庭范围之内,这所付的价格在一系列援助形式——一些更易用货币术语表达,另一些则不然——中位居最后,有些援助形式是我们看不到的。我们之所以能够确认这一点,在于货币不参与直接付款交易的注册率的比例极高。公证文书中记录下的土地销售是以一定数量的金钱或过去所接受的其他援助为形式。我们觉得价格很高,是因为我们的参照点是公证文书中的记录,它是最后也是唯一的土地买卖。亲戚间的普遍互惠所留的痕迹与客观商品交换中平衡互惠所留的痕迹一样,唯一不同的是前者的土地价位更高。

  而有邻居参与的情况就恰好相反,土地是以更接近平衡互惠的原则出售的。邻居,我指的是待售土地旁边的土地所有者或是有机会整合小片土地而进行购买以获得绝对利益的人。在几乎没有需求的市场中,邻居总是有理由想得到一块可能落入外人之手的土地。尽管相关机制仅仅是从表面上使人联想到客观的市场机制,然而与其他的任何一桩交易相比,卖主遇到多个感兴趣的买家的可能性要更高。价格的大幅波动也在某种意义上表现出这个过程是多么地受人为干扰,邻里这一社会属性是最复杂的,通常叠加在其他关系上,也是最矛盾的。因为它也包括了在出售土地的过程中邻里间的矛盾纠纷及在土地劳作时的团结互助。

尽管如此,只有给邻居的价格才是"最单纯的",这类交易体现了平衡互惠原则,即使不在起因上,也在结果上接近客观市场的互惠条件。并不仅仅因为这种关系是非个人化的,还因为买卖的物质层面和关系层面一样具有决定性作用,毕竟这种交易是依托于比潜在的亲属间互惠更易区分的经济利益。

然而,有外来买家参与的情况下,价格也随之下滑。在经济危机的几年里,农民们无法在与他们一样遭遇经济重创的亲戚和邻居中找到买家,但他们还是将没人要的劣等土地推向了市场。怎样才能创造需求呢?有些时候我们的合同上出现当地贵族或附近城市的乡绅的姓名,农民们由于种种依赖、雇佣或义务的关系而与他们有着千丝万缕的联系。这些人拥有规模不一的财富,扮演着更广泛的权力角色。直接向他人提供金钱或食物是在他们力所能及的范围之内的,但不是面向所有农民。当关系较疏远时,购买一块无人要的土地——很难去耕种或租赁,并且由于太小太偏远而无法进行收益分成——成为一项政治举措,它嵌入家长制和雇佣关系的框架内,服务于提升贵族和乡绅的威望。在这种情况下,土地价格就带有慈善色彩了,是负面互惠的低价。

第三章　互惠原则和土地市场

如果我们把购买土地看成是一种援助之姿态,那么总体的互惠特征再一次显现出来,我们在这里看到的不是亲属间团结友爱的社会关系,而是通过对有困难的人给予慷慨帮助时声望和地位的冷冰冰凸显。然而我们要记住,我是有意忽略其他多种援助方式来限定对土地交易的考察。因此亲属间交易(在时间上和报酬上)的不确定性被一种更紧密指导的慈善所代替。这种慈善的时间维度是由双向商品贸易——小份额的金钱立即交换一块边缘地带的土地——来定义的,在这种交换中,双方的责任就等于是"相互勒索"。因此,其行为能更好地诠释求普遍团结存个别差异的整个意思。在此,以最低价收购土地使土地交易成了近似客观暴力的一种负向互惠。① 这是社会在完全商业化过程中去人性的慈善行为。这个社会里,当彼此面临利益冲突时,每个人都可能为了自己的利益而不惜损害他人的利益,不顾他人的生死存亡来追逐自己的名利。

价格仍然未分化,价格范围似乎伴随着17世纪90年代危机的到来而有所收窄。总体趋势似乎表明:价格在下降,价格区间也在变窄。然而,我们应注意到文献中固有的另一种

---

① 买方的利他主义本来使这些慈善性质的土地购买更像马歇尔·萨林斯图式里的普遍互惠原则。事实上,也不能排除卖方有着划拨土地资源的强烈欲望这样一种可能性:即使这些土地资源没有被买方有效利用,它们仍然可以置于买方复杂的"保护—对客户销售—赠送"体系之下。正因为如此,我才使用了负面互惠这一概念,在马歇尔·萨林斯的原始交易图式(《石器时代经济》,pp.165-166)中,这种在交易中不用付出(比如偷盗、诈骗等)就能获得某物的负面互惠原则是反社会的。

"光学幻觉"。如果我们接受前文中所述的观点,接下来我们会很惊讶。出售给亲戚和出售给外人的两种土地价格呈现出一种并行、上升的趋势。在危机的年份里,市场经历了一个新变化:由于很多家庭已大体上耗尽了他们可用于互相帮助的资源,亲属间的土地交易在数量上有所下降。而面向外人的土地交易数量有所增加,贫穷的农民更加频繁地求助于地主以获取他们所需的帮助。也许他们的待售土地更受欢迎,或者也许这种带有慈善性质的负面互惠的交换倾向于情愿支付得少一些,这与非个人化的市场规律相互抵触。买家数量的转变,再加上与外人联姻的低比例,导致了土地总体价格水平的下降,然而分别出售给亲属和外人的土地价格确实在增长。

17 世纪末,当测量员来到佩雷夸齐奥内时,面对的情形就是如此。他们明显比村民们更具有商业头脑。他们或许对土地调查的理论手册很熟悉——这种土地调查是基于为市场提供产品的大型农场的——并且他们试图在客观的、自我调节的市场中通过预测供求来定义土地价格。也许是为农产品的生产和交换提供激励的这样一种欲望,致使他们忽视把这种概念应用于农民局部市场经济当中会遇到的困难。农民自给自足,那从未上市的谷子的价格该是多少呢?农民在他们自己的田地上劳作的劳动力价值多少呢?未被出售的或不适合出售的土地的价格几何?即便是研究旧制度下各个国家地税调查的历史学家们都未能解决这个问题,地籍调查总是被看成为财政征收做准备,从而去清晰地定义真实存在、可计算的

第三章　互惠原则和土地市场

农业收入之百分比。①

对该问题的一个详细检视可能把我们引入歧途。然而，值得肯定的是，在确定土地价格和土地收入的过程中，萨沃伊公爵的测量员在最终妥协之前，一定发现他们处于困惑之中：一切用货币来衡量，显然这也是鼓励乡村地区更广泛地参与到这个商业世界中来，但是将"货币"术语放在极其低的水平——这个覆盖了真实情景方方面面的唯一的水平——用这种方式描述的现实是虚构的。这是一种天真的虚构，因为目的是为计算每年浮动的税收而建立一个评估标准。

在17世纪末的地籍调查之前，我们已讨论过的土地价格与土地收入之间到底存在怎样的关系呢？我们可以通过利用从各种评估价中得出的数据来评估价格和收入之间的比率，这些数据都是土地交易时当地专家给定的，其中有几十种数据是可利用的。这些数据把虚构的价格——从上文我们已讨论过的这种意义上来说——应用于收入，这些收入可能是真实的并且在任何情况下都被精确计算过的。我们能够认为年收入大约是土地评估价的5%，17和18世纪经济学家们都认为这个比率是正常的，并且使得在二十年内"买回"土地成为可能。

---

① R. zangheri, "I catasti," in storia d'italia einaudi, 5:1 (turin: einaudi, 1973), 759–806, 非常细致地把具有政治色彩、以激励为导向、以惩罚为特色的地籍调查描述为政府实行干预的偏袒工具。并且这篇文章也是对这一问题研究的一份精彩调查，尤其是关于对皮埃蒙特大区(见 ibid. 778–84)研究的全面概述。尽管所有历史学家(也包括我自己)对皮埃蒙特大区官员收集信息的热情表现出极大兴趣，地籍调查簿还有待具体研究，可在 G. Romano, Studi sul paesaggio (Turin: Einaudi, 1978) 查询相关信息。

我们评估者的数据则相差甚远：年收入在地价的6.5%和37.28%之间摆动，平均15%左右。可以确信的是，如果我们仅仅考虑属于领主自身的收益，这些数据就有可能减半；但是农民有可能不是从金钱意义上，并且没有把劳动力考虑在内，根据他们的计算，土地在大约七年之内就能产出它的所值。由此，我们整个的审视不但要着眼于由契约双方间的社会距离决定的广泛的价格变动幅度，而且也要着眼于被认为与货币数目相关的——不论是现实或理论的——极低廉的价格，它对应了土地的毛产出。

用这种方式，低价格和低估价为确定皮埃蒙特大区的佩雷夸齐奥内区的加权奠定了基础，并从某种意义上说，正是这种条件才使得阿梅迪奥二世的官员们能完成他们的使命：在广泛的商业经济模式引导下，用一项调查将社会规则中的所有变量都囊括其中，而通过这些变量，不同的人口阶层实现他们与土地的联系。

我们显然偏离了主导租赁农户家庭团结的价值理念。要在为数更少的贫民家庭中掌握单个家庭的策略不是一项容易的任务。因为他们几乎没有公证的机会，他们持续不断地遭受着饥饿和贫穷的侵袭，这使得传记和文献里关于他们的记载总是充满了各种中断；有关他们行动的报道显示了职业分化对他们来说很困难，我被迫在他们与土地——维持农民生计的基础——有关的整体行为中衡量他们的关系世界的意义和范围。在我看来，物质商品流通和社会关系之间不可割裂的纽带使土地市场在所有社群机制中有着重要地位。这些社群机制展示了人们更流行在群体团结中而非在更冒险的个人确证的形式中寻求安全。然而,我已尽力去展现这一点:对土地的态度并未表达出一种整齐划一的意识形态现实。其他群体,不论是这个社区之内的还是之外的,有着不同的模式,在那里完全没有意识层面的假设与结果间的差距。复杂的社会被组织成处于困难交流中的变化的结构体,而该困难交流是共存但非叠加规范的各种体系与被社会各阶层明显定义的那种僵硬感所隐藏的各行为体系二者之间的交流。

从以土地市场和家庭策略为两个基本因素的结构分析,可以看出将社群组织起来的一些规范原则。冲突的利益导致道德统一体碎裂为充满分歧的态度,这些态度体现于每个社会阶层相适应的实践行为模式中。更大的共生家庭的缺失并不反映出社群的日益现代化——在那样一个现代化社群中,体系的复杂性伴随着制度的日益专门化。货币的存在或土地的快速流通都不能反映货币量最大化的系统盛行。恰恰相反,桑泰纳看起来像是充当着对反对不确定性持一种积极的保护策略的提倡者,这种不确定性是由耕地循环的不可预测性和对政治世界和社会控制的缺乏而导致的。这确实可以说是一种策略。桑泰纳人的目的并不仅仅是冒最小的风险来"挑战"自然和社会,他们还不懈努力去改善可预测性,从而使个人从孤立的家庭或个人世界的命运中摆脱出来以便追求一种积极的关系政策。社会活力甚至是经济增长能在这种政策导致的长期而相对安全中得以稳固。

然而,正如在所有社会中一样,尽管特征和面目都有所不同,这个社会仍在很大程度上由未来的不确定因素主宰着。该社会进行着自己保护,却不得不面临某些特定境况:靠天吃饭的农业、无法控制的政治局面、极高的死亡率和相对僵化的技术。

因此,这个社会所特有的便是这种保护模式,其目的首先在于协调团结与支持,独立与不平等,债务与互惠的个人关系。土地市场的运作方式就是具体的见证。

这个社会提高确定性的方式显然不同于其他社会,特别是不同于个人和群体间的竞争已成为可接受的经济伦理和技能的社会。在桑泰纳,看起来相反,所有不减少可由社区中每个成员处置的信息数量的行为模式都是被允许的,并且所有增加未来可预测性的行为和添加给个人或作为整体的社会的有用信息的行为皆被判定是积极的。[1] 从一个更普遍的观点来看,这不同于一个既定政权或宗教系统的政治同质化,或是在需要在地方水平上全力以赴来创造永久而高效的信息渠道的非人格化的商业行为中的经济同质化。农业资源越来越多地与交易相互影响,这种交易需要不断了解非常偏远但合作良好的市场运作情况。当地的政治权力不得不以集权力量指

---

[1] Geertz. "Suq: The Bazaar Economy," 97 ff,强调了信息理论对于理解市场竞争逻辑的重要性。在交流中对信息的曲解和误解是读懂围绕这一基本资源发生的控制与矛盾的重要条件。见 D. M. Lamberton, ed., *Economics of Information and Knowledge*(Harmondsworth:Penguin Books,1971)。

第三章　互惠原则和土地市场

导新的行政和财政的关系；它证明了在这样一个社会,对于君主和国家的要求将怎样得到重组,司法的实践将怎样转变,战争危机将怎样猝不及防等这类知识的了解是极其有限的,甚至当地的宗教体系也变得越来越丧失其自治地位。中央集权强令地方服从,而基耶萨事件就鲜明地反映出了这一点。

如果从严格的经济角度去诠释这个社会,将会主要强调致富这个直接目标,而这样做会掩盖人们共同做出的日复一日的巨大努力,该努力旨在把为提高可预测性保驾护航的各种机制稳固下来。这个农业小村不是将自身限于对其传统道德经济残余的再提倡,而是有选择性地创造出各种机制、结构和情境来加强对自然和社会的控制。

皮埃蒙特大区不同群体之间、农民的现实和政治权利之间的角色关系(不论是当地的还是根本的),仍存在着巨大的裂痕。现在我们回到曾提起的乔瓦·巴蒂斯塔·基耶萨的故事,故事就发生在这些裂痕中。在17世纪90年代的经济危机时代,这些裂痕扩大了,削弱了这个社区的很多保护机制。正如我们所看到的,这些裂痕中排在首位的,是亲属间的土地交易(其超越了家族团结的重大意义)在数量上突然不及与外来者的交易。在下一章我们将提到,桑泰纳当地的政治生活是对人们不断适应过程的一种动态反映,这种适应过程源于相对僵硬的结构体系和变动不居的个人需求之间产生的冲撞。

第四章 乡绅的权威：
朱利·恺撒·基耶萨

乔瓦·巴蒂斯塔·基耶萨的大部分生平还留待本章继续调查。上一章的讨论中，我们看到社会关系成为保护机制的重心，而保护机制是社群组织的根基。这就启发我们转向分析基耶萨家族内部的深层联系。正如我们将要看到的，乔瓦·巴蒂斯塔·基耶萨的父亲在桑泰纳的政治历史上起着关键作用。这也意味着朱利·恺撒·基耶萨的经历对乔瓦·巴蒂斯塔 50 岁之前的政治策略有直接或间接的影响。父子二人至少拥有同样的一个特点，即为了在社群中取得一定的职权，他们选择的道路不是通过积累土地或财富。相反，他们以声望、关系做筹码，在调节社群与外面世界的关系的能力上下赌注。

因为地方村落越来越被强力拽入国家的势力范围，所以经验现实的范围也就被修改了。如此一来，预测未来事件所需的信息的边界，同时也是一种心理边界，该心理边界一定程度上构筑了当地的安全感和认知感。这些边界的突然改变会

第四章 乡绅的权威：朱利·恺撒·基耶萨

引起一些突发问题，并且要求经验重组：人们需要了解一个范围更大的世界，其中涉及大量政治和经济问题。在地方水平上，地方村落现在成为新型乡绅的政治活动场所，他们对于传递从外界得出的信息很在行，并在社群内部简化、改编这些信息。

在本章中，我打算通过乔瓦·巴蒂斯塔·基耶萨的父亲的生平来阐释社群与一位当地政治领袖之间高度动态的关系。我希望展现的是，忠实于一种政治的意义所在及其可以产生的影响力，即使在如下社会中也是如此：即在这样的社会中，我们习惯性地认为变革的动力仅仅来源于外部，并且简单认为当地反应是一种对整体社会变革的被动反映。[①]

学者习惯于将朝向更中央集权的政治体制和更复杂的组

[①] 政治人类学就这一问题有很多研究和看法，尤其是对地中海和拉丁美洲地区的社会。总的来说，在当代社会关于赞助和调停者的一些说法突出了这类乡绅名流在维持社会秩序方面的重要作用。而我本人的看法稍有不同。在旧制度的阶级社会里，调停者的角色要活跃得多，因为它提出了提升社会地位的模式，这种模式必然要对社会地位结构的牢固性及其所赋予的角色产生质疑。当然，这并不是意味着调停者不把当时社会秩序相关的阶级观念看作是他们活动的一个重要部分，也不是说他们的做法不暴力。我仍然认为这些人的爆发潜力使他们不同于当代社会的酋长（caciques）和黑手党头目（Mafia chieftans），因此把建构于截然不同情境下的解释模式死板地应用于 17 世纪是不合适的。参考 F. Barth, Political Leadership among Swat Pathans (London: Athlone Press, 1959); M. J. Swartz, V. W. Turner, and A. Tuden, eds., Political Anthropology (Chicago: Aldine, 1966); M. J. swartz, ed., Local Level Politics: Political Anthropology (Chicago: Aldine, 1968); P. Friedrich, Agrarian Revolt in a Mexican Village. (Chicago: University of Chicago Press, 1970); J. Boissevain, Friends of Friends: Networks, Manipulators and Coalitions (Oxford: Blackwell, 1974); A. Blok, The Mafia of a Sicilian Village (Oxford: Blackwell, 1974) P. Schneider, J. Schneider, and E. Hasen, "Modernization and Development: The Role of Regional Elites and Non Corporate Groups in the European Mediteranean," *Comparative Studies in Society and History* 14 (1972): 328-50。

织形式的长期趋势，视为整个大趋势——从社会等级制和世袭的政治权力占统治地位的系统脱离开来，形成一个更加灵活和个性化的体系，强调的是人们只能从职业中获取相应社会地位——的一个不可或缺的部分。这一观点太自以为是，与本章相关的历史显示：即使在完全的等级制社会里，社会中依然蕴含着强大的革新能力与打破旧式枷锁的动力。① 即便当这些改革先锋可能注定要失败，在未能进入明显和始终在场的赋予地位的社会机制中的情况下，未能为家庭或组织权力创造出一个坚实而长久的形式，但仍显示了在一个身份板结的社会框架中，可能的选择模式依然存在。他们以这种形式促进社会与政治体制发生可能的变化。

就本书的案例而言，相互矛盾的不同规范性体系之间的作用将成为显而易见的事实，因为朱利·恺撒·基耶萨的才华充分体现在他给桑泰纳农民提供的相对安全的保证上。公开斡旋，利用封建领主、村庄与中央当局的冲突中所敞开的缝隙，便成就了他经营的舞台，亦是其成功的源泉。

有关基耶萨家族的历史文字资料尤为匮乏，尽管朱利·

---

① 关于"负责人"的概念，见 F. Bath, *Process and Form in Social Life* (London: Routledge and Kegan Paul,1981) 157 - 86; F. Bath, ed.,The Role of The Entrepreneur in Social Change in Northern Norway (Bergen: Universitesforlaget,1963)。我广泛地运用了这一概念去重构一位来自费利扎诺的负责人的生平，在某种程度上与朱利·恺撒·基耶萨的生平类似，见 G. Levi, "Structure familiari e rapporti sociali in una comunita piemontese fra Sette e Ottocento," in Storia d'italia Einaudi, Annali, Ⅰ: Dal feudalesimo al capitalismo(Turin: Einaudi,1978),617 - 60。还可以参考 P. Bigi, A. Ronchi, and E. Zambruno, "Demografia differenzaile di un villaggio alessandrino: dall'analisi quantitaitva alle storie di famiglia," Quaderni Storici16(1981):11 - 15。

第四章　乡绅的权威:朱利·恺撒·基耶萨

恺撒·基耶萨是桑泰纳地区 1647 年至 1690 年间最为显赫的乡绅名流。这些资料遭遇人为拣选,并非偶然,如同旧制度下记录日常生活的文献一样,都是拜当时的财产所有权的建构方式所赐。基耶萨家族对置地一点兴趣也没有,再加上相关策略之实施,让笼罩在他们身上的迷雾更深浓,以至于看起来他们仅仅是偶尔出现在历史舞台上的次要角色,但实际上他们占据该舞台达半个世纪之久。他们反映了在这一等级观念的扭曲作用下被同样遗忘的一批乡绅名流。除非他们碰巧将自己在地方权力斗争中获取的成功转化成土地,否则我们对于持续活跃和充满创新的大量当地策略家们的信息就永远是残缺的。他们在我们最唾手可得的历史文献中遁形了,正是这一情非得已的历史"秘密"蒙蔽了我们。这就加强了我们对旧制度政治社会静态的想象:在等级制社会中,谈不上有社会流动可言,个人的世袭地位也不会受到挑战。

朱利·恺撒·基耶萨是 17 世纪地方政治变化中具有神秘色彩的角色之一。他于 1618 年出生于罗埃罗家族封地内的一个小村庄——塞雷索勒。① 他的父亲吉益·亚佐·基耶萨,是个办事不仔细的谷物税款征收人。在 1622 年,他被萨沃伊公爵的财政管理人员起诉,迫使他上交预算款项。②

---

① 关于塞雷索勒的洗礼记录目前已找不到,我只能通过他的去世日期推算得出他的生日。

② AST, sez. riunite, sez. Ⅲ, art. 496, Atti del Regio Patrimonio contro particolari, mazzo C/9, 1622; Atti del patrimoniale contro Gian Galeazzo Chiesa di Ceresole per redditionel del conto della sua esazione della macina.

吉盎·亚佐·基耶萨可能死于1630年的瘟疫或不久之后,他在卡尔马尼奥拉和都灵都拥有商业利润,但是家庭住房仍在塞雷索勒。在塞雷索勒,他和当地的封建领主保持紧密联系,这也许是出于将谷物贩卖到平原地区富裕的市场的共同利益。在他死时,他留下两个儿子:大儿子朱利·恺撒·基耶萨,从事公证行业;小儿子乔瓦尼·玛丽亚·基耶萨,是一个教区神父。吉盎·亚佐·基耶萨看来没有土地,并且1647年基耶萨家族在塞雷索勒的房产似乎是他们过去住过并且仍要居住的房屋,它还包括庭院、厨房、花园和外侧楼房。在1630年至1647年间,基耶萨家族无大事发生,但是后来,桑泰纳的封建领主集体选举朱利·恺撒·基耶萨作为其管辖范围内的长官(首席行政官兼法官)。文献中没有给出这个选择的原因;而一份当年的专任证书除了给出参议院的批准之外也没有更多信息。

为了解桑泰纳领主们对于新的村长有何期望,而非为什么基耶萨被委任这个职位,我们得回顾一下1643年,那年桑泰纳和基耶里两地发生的争执。正如我们所知,桑泰纳毗邻基耶里。基耶里是当时一个正在衰落的纺织业城市,相比于鼎盛时期,流失了几乎一半人口。上个世纪(16世纪),它曾是皮埃蒙特的第一大城市,比当时还不是首都的都灵更大。后来,基耶里的贵族们为了更接近都灵的宫廷而开始迁出这个城市,棉花生产出现了危机,行业协会的力量也由于纺织业广泛进入农村地区而开始瓦解,桑泰纳宣布自治很可能与基

第四章 乡绅的权威:朱利·恺撒·基耶萨

耶里经济的相对衰退有关。1643年的那场争执引发了一些长期存在的问题。而且,这场争执爆发于特定的政治混乱时期,那时正值"王子派"(Principisti)——毛里齐奥和托马索王子(于1637年逝世的维托里奥·阿梅迪奥一世的两位弟弟)的铁杆拥护者和"夫人派"(madamisti)——有"皇家夫人"之称的法国的玛丽亚·克里斯蒂娜(她是国王的遗孀、四岁儿子查尔斯·伊曼纽尔的摄政)的支持者,两派之间爆发的内战后期。事实上,从1637年至1642年,亲西班牙派和亲法国派在皮埃蒙特作战,士兵横行于基耶里,那里的人民备受战争摧残。1639年洛林·亨利即哈科特伯爵统帅的法国军队占领了基耶里。①

那个时候,桑泰纳与基耶里打官司已经持续了一段时间,战争的结束开创了一个新的刻不容缓的时代:这个城市试图对桑泰纳行使司法权,并限制它的自治权和封建土地的财政免税。这个问题非同小可。

究竟桑泰纳只有贵族们的城堡以及周围的一系列住所(从桥的这边到那边,即班纳河和特皮克河两河之间的居住区)——不多于50乔纳塔的土地,包括房屋、菜园以及大麻田才能免税,抑或是桑泰纳所有的农用土地(约300乔纳塔)都能免税?这是一个长期存在的问题,涉及的是这个村庄模糊的司法地位的方方面面。另外,该村庄的五个封建联姻家族

---

① AST, sez. riunite, Registro patenti finanze, 29 April 1647.

承袭的权力:一个驱魔师的故事

所拥有的势力范围超越了桑泰纳远至基耶里本身,甚至抵达都灵的公爵府。桑泰纳有自治的教区教堂、自己的村长,拥有着对村社烤炉、通行费、高中级法院裁决以及选择土地管理人的封建权力。所有这些都让桑泰纳看起来像是一个自治社会。然而这套封建权利的授予时间,以及为什么在都灵大主教(桑泰纳领主们的依附对象)的档案中并没有相应的权利状,甚至有与之相反的材料,这些都是未解之谜。甚至连教会职责都是不够明了的,以至于当罗马教会的安杰洛·佩鲁齐,在1584年到此地私人来访时,他"提到不认同此地教区神父有奉圣职的性质,认为他们只是简单地或辅助性地治愈人们的灵魂"。① 我们姑且认为该圣职隶属于一所古老的修道院(一位修道院副院长实际上曾提到这一点),但之后给予的是(代理神父职务的)薪俸代领权。② 本故事的这一方面是十分重要的,因为事件的展开处在一个模糊不清的司法气氛中,以冲突,声明和反声明,防御措施,以及玩弄政治、司法的权术为特征。

1643年,危机达到了顶点。20个来自桑泰纳的平民要求

---

① A. Erba la chiesa sabauda tra cinque e seicento. Ortodossia tridentina gallicanesimo sovoiardo e assolutismo ducale(1580 – 1630)(Roma:Herder,1979),89. 据 ATT,7.1.5.,fol.387 记载,安杰洛·佩鲁齐是于1584年8月5日造访桑泰纳的。事实上,关于这一点不是很确定,因为安杰洛·佩鲁齐把教堂叫做圣彼得教堂而不是像在1531年祝圣时所说的圣保罗教堂,或后来说的圣彼得和保罗教堂。见 G. Bosio,La Chiesa Parroccbiale di Santena. Studio storico(Turin:Tipografia Artigianelli,1896),20 – 21。

② Ibid.,15 – 17. 修道院由 Vezzolano 教会管理,并在15世纪后半期的某个不确定的时候变革成了 commendam。

第四章 乡绅的权威:朱利·恺撒·基耶萨

承认基耶里对接管所有隶属桑泰纳耕地的声明。对基耶里的支持,导致他们与桑泰纳当地封建领主公开决裂。① 领主们紧密团结在一起,誓死捍卫对桑泰纳的专享权力。而在这个村庄里,司法管辖的冲突与强烈的社会张力交织在一起,不再能形成一个统一阵线来抵御外部威胁。

2月25日②,20个桑泰纳居民找到罗伯特·比斯卡雷特先生,因为比斯卡雷特家族是切尔韦雷的地主,他本人是基耶里城的法官。这些人是来自梅利奥、卡瓦利亚、托斯科、罗马诺、拉泽托、泰西奥、戈德、波塔、孔韦尔索、皮奥瓦诺、博斯科、托雷塔、沙洛特、格里瓦、瑞西亚和塔斯齐奥家族的代表,属于桑泰纳有头有脸的人家。他们都是中等富裕者,其土地位于桑泰纳和基耶里之间,他们宣称代表自己和那些"同样居住在上述区域或者桑泰纳的上述两河之间区域附近的棚屋、别墅和农场的所有的私人住户"说话。他们抱怨累累:"桑泰纳的领主们,以附近地区做借口,偶尔会声称[他们能够]将桑泰纳人当做自己的属民;由此又提出对他们征收封地税,强

---

① 地方封建地主集团的成员有本索、比拉戈、塔纳和巴尔比的西蒙尼几大家族。根据他们的封地的份额大小,这几大家族中目前最重要的当属塔纳家族和本索家族。所有文献可查的主教叙任权都在 AAT, 5. 13, Feudo di Santana, Sommario della causa del signor marchese don Michel'Antonio Benzo di Camere di S. M., Cavaliere Gran Croce dell'ordine Militare de' Santi Morizio e Lazzaro contro il Signor marchese Filippo Ignazio Solaro di Moretta, gentiluomo di S. M., secogiunta la Mensa Arcivescovile della presente citta, part 2(Turin:Stamperia Reale,1762)中可以找到。

② ASCC,22, par. Ⅰ, n 39, Atto giudiciale di sottomissione e dechiarazione fatta dalli particolari del ginaggio di chieri habitanti appresso il luogo di Santena li 25 febraro 1643. 同时,Ordine Ducale del 4 marzo 1643(ibid.,22. Ⅰ.40)支持该市的立场以及桑泰纳群众1643年6月5日的新抗议信(ibid.,22. Ⅰ.41)。

迫他们为尊敬的公爵殿下驻扎在桑泰纳的士兵提供食宿,他们近年来[实际上]所做的就是这一系列有失理性公平的事情。"我不知道罗伯特·比斯卡雷特如何看待这些抱怨,或者他是否能够理解这一点:涉及此事的20个人不仅仅是位于基耶里的领土边界的土地所有者,而且他们无一例外都是村里的主要非贵族财产所有者。他很可能会对他们控诉的结果感到很高兴,而不会对细节看得很仔细。事实上,这些桑泰纳的农民们,通过请求"保持基耶里城的一贯联合团结起来的成员身份",承诺"履行所有的市民应尽的义务",尤其是缴纳城里面征收的税,而结束了他们的申诉。然而(这个案子拖拖拉拉超过了一百年),不管是在这份文件还是之后的文件里,真正的问题是到底应重建一个失落了的附属地,还是新建一个"独立于都灵的大主教、不属于基耶里的教会封地"的地区。也许桑泰纳人的目的就是为了逃避一项为了战争而征收的特别税,这个税被加在现有的封地的债务里面,把一个特别有利的财政状态弄得非常不利。

18世纪后期,此事的结果是有利于基耶里城而不利于桑泰纳的贵族们。该结果对于本书的讨论而言并不重要,然而不可否认的是,这场争论的风气加速了一种不确定的气氛,将桑泰纳隐藏在财政视线之后。这一局势便是朱利·恺撒·基耶萨担任桑泰纳的公证员和村长之后要面对的。

然而这并不是故事的全部。朱利·恺撒临危受命。地方贵族的集团一定是已经判断了他在有冲突的情形下的独特的

第四章　乡绅的权威:朱利·恺撒·基耶萨

执政能力。因此,我们需要在有限的可能性之下审视:贵族领主权是如何变化并以何种方式加强到激起了20名非贵族的财产所有者公开叛乱。我们看到,20名给基耶里城的法庭写请愿书的签署者,是同质性非常强的一帮人,他们全部是和镇上的封地贵族没有依赖关系(包括租地契约和直接的薪水关系)的当地乡绅和土地所有者。

他们和贵族发生了很明显的一些冲突。例如,反对毁坏田地的教令的执行委托给由贵族集团任命的一名土地看守长(camparo)。贵族们由此来搜集农民们走过田地时用脚踩或者货车压过损坏了草皮或者庄稼的证据。但是他们对自己的租赁农户损坏农民田地的类似行为则睁一只眼闭一只眼。这种冲突是很常见的,1643年的申诉也没能把土地的监管从桑泰纳周围的领土转移到基耶里。整个17世纪没有任何关于桑泰纳人因毁坏基耶里领土内的田地而遭罚款的记录,虽然这一情况经常发生。不过,在这一时期,一个邻近的相关地区发生了新情况。贵族们想制定一个"关于桑泰纳全部的土地所有者和租赁农户禁止养山羊和绵羊的命令,宣称按照其他时期的惯例,只有贵族才可以养羊"①。基耶里、桑泰纳、坎比亚诺和维拉斯泰洛地区是牧羊人和牧牛人的越冬地,尤其是从库内奥地区附近的昂特拉克镇开始,有一块属于塔纳家族的封地,它与旧制度时期的萨瓦州里两大绵羊繁殖中心之一

---

① 我不能找到这份禁令的摹本,在 ASCC,art. 22,par. 2,n. 19,fol. 64 中参考此禁令。

的布里加地区接壤。羊粪产生的肥料、羊奶制成的奶酪、羊吃剩的草茬,连同销售干草料一起的所得,是一笔相当重要的收入来源——少数可利用的收入——也是直接来自土地的收入之一,贵族们渴望将这笔丰厚的收入保留在自己的租赁农场名下。

这一垄断形式,完全排除了来自农民的竞争,导致季节性放牧的开销非常大,不过羊群和牧人相对的稳定性有助于降低作物的被破坏和在一定程度上控制人和动物的行为。

桑泰纳的社会紧张状态大部分都是围绕这个问题的,那个时期很多的犯罪案件都和来自库内奥的牧羊人有关。接下来的五十年里这样的紧张局势都是有证可查的。该时期末,乔瓦·巴蒂斯塔·基耶萨成为教区的神父时,以及他死后,这场牧羊战争不时会达到高峰。1664 年,乔瓦·托马索·托雷塔被确证"企图伤害侯爵巴比亚诺的一名叫泰特·德尔·布索的牧羊人"。此外,1699 年,在一次教令的发布会上,卡洛和洛伦佐·梅利奥两兄弟,被证实"在法官的掩护下偷偷转移羊只,严重违犯了法规"①。

---

① 我们找不到关于桑泰纳刑事案件的记录,只能重构桑泰纳和基耶里两地在争夺司法权过程中起草的暴力法案。通过桑泰纳村民的回忆并在他们的帮助下,我们重构了桑泰纳在 1657—1699 年期间的刑事案件。这样做的目的在于证明桑泰纳法官不仅对村子的中心区域(即两河之间的区域)而且对整个村庄执行他的司法权。见 AAT,5.13,Feudo di Santena,Sommario della causa,247 - 53。在 ASCC,art. 22,par. 2,n. 18,Fatto per la giurisdizione e territorio di Santena;ibid., n. 19,Sommario di diverse ragioni che coppetono alla citta per diverse controversie tra la Citta et li homini e consortile di Santena 中有一份稍微不同的表,内容也囊括前一时期(即与 1643 年禁令的颁布有关的暴力行为的那段时期)。

第四章 乡绅的权威:朱利·恺撒·基耶萨

可以确定的是,朱利·恺撒被任命为村长之后,村镇里的气氛特别紧张。毋庸置疑,封建贵族及其租赁农场、他们雇佣的农场劳力(拥有极少土地的农户)和全部的中等阶层的农民是完全对立的,后者靠自己土地的农作物和少许的其他来源维持生活,通过自由职业(例如医师和神父)、商业(罗马诺家族是很重要的皮革商)、谷物贸易或者运输的方式将这些农业的基础和土地所有权连接起来,这些人很乐意和基耶里联合,因为它是一个可以提供各种大量丰厚的商业机会的城市,保护他们脱离积年的闭关状态——这一闭关状态是贵族们对这些乡村地区的管理特征。

1630年瘟疫导致经济和人口危机开始出现,随后是1640年内战带来的巨大的破坏,使得皮埃蒙特大区的经济结构遭到明显削弱。封建贵族家族面临复杂的效忠谁的抉择问题,不过他们也尝试一切可能的办法去维持在封地内的自治权,抓住任何机会扩大他们对有争议的管辖权、受到挑战的权力或者随时可能被农民或者地方管理机构侵占的收入来源等方面的掌控力。就是在这样的情况下,桑泰纳的贵族集团加强了对贵族们共同利益的保护力度,决定充分利用目前中央政府控制力减弱,迟钝应对大面积蔓延的企图恢复封建权的行为的这段时间。桑泰纳的特殊之处就在于它是依附于都灵的大主教门萨(Mensa)的,所以它较少地受到外界王权的干涉。这使得在桑泰纳封地里受封的势力之间的关系相当紧张。1721年,佩雷夸齐奥内批准了同一地区封地——"两座桥之间的(从桥的这边到那边,即班纳河和特皮克河两河之间的居住区)"村舍和菜园——的管辖权的限制政策,这是对都灵的大主教门萨享有的封地权的限制,在维托里奥·阿梅迪奥二世与罗马有冲突之前,这种限制早先原本可能很难生效的。①

要了解这些贵族家庭确切的策略向来是不容易的,尽管历史文学作品让我们对他们的模式很熟悉。② 贯穿在使他们紧密连接的复杂联姻关系中的逻辑线,个人庄园封地的继承的复杂系统,与都灵乃至欧洲朝廷里的关系,以及他们众多的后人(塔纳家族因为有12个孩子而数代人享受免税的优待)③似乎

---

① 见 L. Einaudi, La finanza sabauda all'aprirsi del secolo XVIII e durante la guerra di successione spagnola (Turin: Sten, 1908); F. Venturi, Saggi sull'Europa illuminista, I : Alberto Radicati di Passerano (Turin: Einaudi, 1954) 63 – 126; G. Quazza, Le riforme in Piemonte nella prima meta del Settecento (Modena: Stem, 1957), 125 – 204 and 347 – 80; G. Symcox, Victor Amadeus II : Absolutism in the Savoyard State, 1675 – 1730 (Berkeley: University of California Press, 1983), 190 – 225。

② 关于皮埃蒙特大区,见 Woolf, Studi sulla nobilta piemontese。萨沃伊政府的种种特点可能致使皮埃蒙特贵族与众不同。公爵的权威迅速削弱了贵族的自主权,但是也同样把贵族的自主权深深植根于官僚阶层,因此与意大利其他地方贵族相比,有很多不同之处。关于这个问题,见 M. Berengo, "Patriziato e nobilta: il caso Veronese," Rivista Storica Italiana 87 (1975): 493 – 517; C. Mozzarelli, "Stato, patriziato e organizzazione della societa nell'Italia moderna," Annali dell'Istituto storico italo – germanico in Trento 2 (1976): 421 – 512; C. Capra," Nobili, notabili, elites: dal modello francese al caso italiano," Quaderni Storici 13 (1978): 12 – 42。

③ 塔纳家族的档案中有 27 卷现存(AST, sez. riunite, Archive private, Archivio Tana)。关于家谱信息的内容摘录于这些档案中的第一卷,第二到七卷也包含有关于婚姻、联盟等信息。"塔纳家族由于拥有 12 个孩子而被免税"一事在 ASCC, art. 49, par. 2, cart. 139, fast. 50, Atti civili dell'Illustrissima Citta di Chieri contro li Signori particolari immuni per li numero di 12 figlioli, 1689。关于 17 世纪塔纳家族的情况,见 G. Bosio, Santena e I suoi dintorni . Notizie storiche (Asti: Michelerio, 1864), 147 – 57; 以及 A. Manno, Il Patriziato subalpino: Notizie di fatto, storiche, genealogicbe, feudali ed araldiche desunte da cocumenti (Florence: Civelli, 1906), s. v。

第四章　乡绅的权威:朱利·恺撒·基耶萨

都导致了他们利益的多样化,以及一个家族的所有成员在相同的政治效忠的公开选择问题上的特殊化和回避化。封建家族作为一个共同体,当萨沃伊公爵或者欧洲的王室面临严重的冲突决裂时,会将自己的成员都带进这个领域并且安置在不同的阵营里面。事实上,这和我们在第二章里面提到的租赁农户的策略是一样的,就是一种使利益多样化和平衡风险的手段,但是对于贵族来说它只用在牵涉政治的变幻莫测的领域里,为贵族阶层的荣誉而编写的罗曼史和家族理想化的传记有时会将个人忠诚和集体忠诚混淆起来。

与荣誉息息相关的个人选择,事实上与一个家族作为整体继续存在相比是不那么重要的,后者才是这个不为外人所知策略的结果。简而言之,贵族的逻辑所遵循的模式,与当时旧制度下其他阶层的一样,不同之处只在于农民局限于狭隘的乡村生活领域,而他们有一个跨国的交际圈。

弗朗西斯——列里奥·塔纳家族的老七,也就是第二个儿子,他为属于"王子派"的红衣主教毛里齐奥(来自萨沃伊家族)服务。也许就是这个原因,老十卡洛·伊曼纽尔·塔纳才继承了封地,因为家族其他成员在内战期间都是支持"玛丽亚·克里斯蒂娜夫人"那一派。五十年后甚至有更戏剧化的事件,塔纳家族中的一位成员投向了萨沃伊公爵在萨瓦之战的对手——法国这边,而这件事并没有影响家族的名誉,这个人自己还在维托里奥·阿梅迪奥二世的统治下继续飞黄腾达。

这些事件原本很多方面都值得深入研究,不只限于我们所提到的。不过我们的目的已经达到了,可以回到桑泰纳这里来,可以确定的是17世纪下半叶的贵族集团包括本索家族的一个分支(享有不到三分之一的管辖权)、布罗利亚家族(六分之一)、昂特拉克镇的塔纳家族(三分之一)及联姻的桑泰纳的塔纳家族和丰塔内拉家族(八分之一)。剩下的二十四分之一也被西蒙尼和巴比亚诺家族瓜分,只是因为17世纪没有了封地仪式,瓜分的方式难以再现。本索和塔纳家族明显主宰这个分配体系。18世纪初,高度紧张的局势结束之后,他们的控制就更加彻底了。贵族集团在1713年达成了一个书面协议,昂特拉克镇的塔纳家族买下布罗利亚家族所占的份额,本索家族取得了桑泰纳的塔纳家族很大一部分财产。[1]

当然,桑泰纳的封地,并不算是很大的封建资产,这些家族的军事、外交和教会生涯,再加上他们分封或者非分封的其他土地,带来更多的财富和更高的声望。而他们的住所和日常的政治事务集中在基耶里或者都灵。桑泰纳——他们贵族头衔来源的古城堡之地——成为他们声望的最好保障,也是他们落叶归根之地。公爵的中央集权政策,长久以来导致这些祖先的封地经济落后,居民也多数沦为粗鄙的乡下人。

根据一份1660年起草的有关伊曼纽尔·菲利贝托·本

---

[1] 关于每个家族封地的份额,见 ASCC, art. 22, par. 2, n. 19, Sommario. 123–37。

第四章　乡绅的权威:朱利·恺撒·基耶萨

索伯爵遗留给他儿子路易吉·安东尼奥的有效财产目录显示,四分之一加十七分之一的管辖权包括,区域里的烤炉监督权,对财产损害行为的罚款权,一般的司法事务权,通行费用,猎捕垂钓费,总共加起来价值13500里拉。① 考虑到桑泰纳不大,本索家族的份额不到三分之一这个事实,这很可能是因为他们的贵族头衔和财产有免税的优待——比佩雷夸齐奥内之后的当地贵族保留的免税额大得多。如果我们计算整个集团的份额,作为一个整体的封地在当时大概值45000里拉。因为许多收入没有记录,其他的又难以换算成货币形式,所以不可能估算出当地准确的年收入,但是仅通行费这一项,1648年有就相当于340里拉。②

不过封地的领主们常常回到桑泰纳。他们参加宗教庆典,也偶尔也会出现在土地的交易中,在桑泰纳度过漫长的夏天。作为贵族集团成员的他们有时还要为了巩固势力举行一些例行公事的仪式,农民们对这些仪式颇有微词,哪怕可以得到一些礼物和施舍,因为这些仪式大部分都是和通过瓜分村里的封地权来分财产有关的,特别是每年公开举行的从烤炉收入中分红的仪式,严格按照贵族的势力大小来分配。

法官住在塔纳家族的城堡里,他保障着采邑权的延续。这些封建权力也在物质上具象化了,任何居住或者路过这个

---

① ASCC, art. 22, part. I, n. 33.
② ASCC, Insinuazione, Santena, vol. I, fol. 397, Delibera a messer Gio. Megliore del pedaggio di Santena per 23 doppie d'Italia, 3 May 1647.

地界的人都会对建造在不同家族势力四分五裂的管辖区内的塔楼和城堡印象深刻。贵族为提高声望而不断竞争,他们更新扩建宅邸,加高修葺脊饰和标识,增加教堂里的长凳,修建路边的小教堂。为巩固自己的财富地位,他们注重自己的穿着,给穷人的施舍和献给教堂的礼物也在攀比着。

贵族们的势力基础是建立在那些错综复杂的当地因素之上的。首先,是那些城堡——塔纳家的城堡、本索家的城堡、巴比亚诺家在圣萨尔瓦、蓬蒂切利的城堡。但是居住区附近的房屋、菜园、大麻种植地每年都得缴纳阉鸡税(capons due);还有劳役债券、地租契约、有偿劳力、收益分成契约。然而也正是这些采邑权,导致了我们已经看到的敌对行动,即 20 个人去基耶里寻求更大势力的庇护。当朱利·恺撒·基耶萨被贵族集团一致同意任命为桑泰纳的公证员和法官之后,这个情况就摆在他面前了。

如果现在我们明白了为什么桑泰纳的贵族集团物色了一个足智多谋的人代替他们来处理村子里的事务,传达他们的共同意愿,处理和区域里的富农、基耶里以及州之间紧张阶段的复杂关系。那我们又要问:为什么朱利·恺撒·基耶萨要去桑泰纳这个实际和潜在的矛盾都很多的小村镇,而不是跟随他父亲的脚步全身投入到税收的事务中?

朱利·恺撒·基耶萨和桑泰纳的渊源颇深。我们可以确定的是他的家族和罗埃罗家族是有关联的,因为资助他儿子(即我们这个故事的主人公)及其教会生涯的教会土地基金是

第四章 乡绅的权威:朱利·恺撒·基耶萨

由这个来自塞雷索勒的封建贵族家庭提供的。① 罗埃罗家族的众多分支控制着桑泰纳附近很大一片封建村落,他们与塔纳家族的关系也很密切,因为洛多维科·塔纳的遗孀洛伦齐纳后来嫁给了西奥多·罗埃罗。而且,路易吉·费利斯·塔纳的女儿也就是洛伦齐纳的侄女德尔菲娜,是特罗亚诺·罗埃罗·德拉·维扎的妻子。② 然而这些线索微不足道,我们对具体的事实还是一无所知。

另一条线索很难阐述清楚,牵涉到塞雷索勒的塔纳家族在塞雷索勒地区拥有的"农场和叫做'德拉·蒙法里纳'(della Monferrina)的土地"。关于是否出售这些土地会侵犯长嗣的权利这个问题,已经传唤了证人,提到"一批带有105乔纳塔土地的农场房子,属于社区里面的永久财产"。但他们澄清,这些是"没有什么价值和收益的土地,因为庄稼都受到了一种叫科色雷(cossere)或者科色拉(cossera)的虫子的侵害,牧场除了雨水就没有其他的水资源,而且建筑也是破败不堪,需要大规模地修葺"。这块地皮和其他的财产一起,由卡洛·阿梅迪奥·毛里齐奥·塔纳伯爵卖给了一对叫做法韦蒂·德谟莱尔的夫妇,为了还一笔2378里拉的债以及为要当修女的妹妹

---

① AST, sez. riunite, Insinuazione, Tappa di Carmagnole, Ceresole, vol. 25, fol. 269, Costituzione di patrimonio del Reverendo Chierico Don Gio. Battista Chiesa, 21 may 1681. 一位塞雷索勒的地主弗朗西斯科·安东尼奥·罗埃罗伯爵从"他自己的封建土地份额"中拿出一部分……构成一笔持续、丰厚的遗产,乔瓦·巴蒂斯塔·基耶萨就有足够的资金去实现他良好、可贵的打算:塞雷索勒总共有32乔纳塔的封疆土地。

② 罗埃罗家族的封地处于塞雷索勒和阿尔巴两地之间的一个至今仍有人称之为"I Roeri"社区群里。关于塔纳和罗埃罗两大家族的联姻关系的信息,参考 AST, sez. riunite, Archivi private, Archivio Tana, mazzo I。

芭芭拉·玛丽亚·泰瑞萨筹一份价值4000里拉的巨额入会金。蒙卡列里的乔瓦尼·费雷罗先生出价3100里拉,他是第二任"皇家夫人"的房屋和马厩看管人。当乔瓦尼·费雷罗表示要购买的时候,塔纳伯爵宣称自己"对这个地方没有其他的兴趣",因此无法"正确地开发所谓的农场"。① 这一宣言使基耶萨家族与它所诞生的村镇分道扬镳,和塞雷索勒的遥远关系——破裂于十二年前塔纳的父亲卡洛·伊曼纽尔伯爵去世之后——似乎在这次宣言之后加速破裂了。

塔纳家族和基耶萨家族之间的关系也不一般,然而,是一种谜团重重模糊不清的关系。朱利·恺撒·基耶萨有过一个妻子叫安吉拉·玛格丽特,但是遍寻公证文件,都找不到她父家的姓是什么,我查了所有最可能跟恺撒·基耶萨和安吉拉·玛格丽特有关的当地资料,包括都灵、桑泰纳和卡里尼亚诺的教区,没有找到任何关于她出生、死亡或者婚嫁的信息。她住在卡里尼亚诺的外公——乔瓦尼·弗兰西斯·马吉斯特里先生,和她的妈妈玛丽亚·马吉斯特里(未婚,所以还是保留父姓),还有她阿姨杰妮瓦·马吉斯特里夫人的遗嘱②,都指定安吉拉·玛格丽特为他们遗产的合法继承人,但是没有提

---

① AST, sez. riunite, Archivi private, Archivio Tana, mazzo 5, Confessione di debito del signor conte Carlo Amedeo Tana verso I signori Claudio e Vittoria giugali Favetti, 10 December 1689.

② AST, sez. riunite, Insinuazione, Torino, 1658 I. 10, vol, fol. 325, testamento della signora maria magistris, 6 October 1658; ibid., fol. 327, Codicilo della stessa, 14 October 1658. 这次公证行为指的是另外两份指定安吉拉·玛格丽特为他们遗产合法继承人的遗嘱。

第四章 乡绅的权威:朱利·恺撒·基耶萨

及她父亲身份的线索。不过,有两条记录暗示了她是桑泰纳的乔瓦尼·巴蒂斯塔·塔纳伯爵的私生女。一条很明显:一份在 1669 年由一名来自波伊里诺的公证员斯图尔多起草的她的财产出售说明,公证员称她为"乔瓦尼·巴蒂斯塔·塔纳先生的女儿"。① 接下来没有其他的证明,但是,很久之后的一份由塔纳家族地产的管理人吉盎·吉奥阔莫·皮亚托起草的记录里,他称呼安吉拉·玛格丽特的丈夫朱利·恺撒·基耶萨"侯爵先生",似乎在嘲笑他们牵扯不清的贵族关系。②

此外,安吉拉·玛格丽特曾经不可思议地富裕,也许是来自父亲的遗赠,或者我们还可以猜测,来自塔纳伯爵未公共登记的财产。不论怎样,这些都是来历不明的收入,就这一点说,列出来的属于她的那部分,不论是有形资产还是不动产,都是来自她的母亲马吉斯特里家的财产。

因为没有他们结婚日期的记录,所以没有办法知道和塔纳家族的这一看起来很有可能的联系是在朱利·恺撒·基耶萨 1647 年来到桑泰纳之前还是之后建立的。产生一个模糊的联系是(朱利·恺撒·基耶萨和伯爵的)这个双重策略的一

---

① ASCC, Insinuazione, santena, vol. 2, fol. 261, Accompra del Molto Reverendo signor Gio. Giorgio e Teodoro fratelli Sibona di Ceresole dal Signor Giulio Cesare Chiesa, 23 July 1669. 这份合同是在本索家族的官邸里签订的。安吉拉·玛格丽特是"乔瓦尼·巴蒂斯塔·塔纳先生的女儿、朱利·恺撒·基耶萨的妻子"。

② ASCC, Insinuazione, Cambiano, vol. 20, fol. 473r, Testament di messer Gio. Giacomo Piatto, 15 March 1698. 在此参考文献中,朱利·恺撒·基耶萨是曾为吉盎·吉奥阔莫·皮亚托的遗孀享有的财产公证的公证员。当朱利·恺撒·基耶萨被人称为"侯爵先生"时,他本人已经过世八年了,甚至他的儿子乔瓦·巴蒂斯塔·基耶萨离开桑泰纳也已经有一年了。

部分，它给这位娶了富家小姐的准贵族公证员制造了一个更高级的声望氛围，而这位富家小姐是从奢华的大城市来到这个乡下生活的，并且很有可能是伯爵的私生女，这些都是农民和乡绅们之间窃窃私语的话题。基耶萨夫妇住在塔纳家族中另一个重要的分支昂特拉克镇的塔纳家族的城堡的边房，因为这不仅仅是按传统他们所应得的，而且也是村长的身份象征。

当夫妇俩来到村子时，他们也得到了朱利·恺撒·基耶萨自家亲戚的扶持。他们是塞雷索勒的基耶萨家族中不太富裕的一支——朱利·恺撒·基耶萨祖父的兄弟乌贝蒂诺后代中的一户租赁农户家庭已经搬到桑泰纳。他们和塔纳家族有着特殊的主雇关系。1657年去世的巴特鲁姆和他1678去世的儿子乔瓦尼生前都是住在桑泰纳的塔纳侯爵的城堡里。他们都是租赁农户，但是都在侯爵的领地监督下工作。巴特鲁姆的一个孙女后来嫁给了吉益·吉奥阔莫·皮亚托，这个人我们已经提到过，他在18世纪初的时候成为了塔纳教区的神父。从那之后，基耶萨家族开始分散，他们离开了桑泰纳到基耶里地区的总督加尔加诺家经营农场，后来又为波伊里诺的一个叫梅诺的律师耕种在维拉斯泰洛的土地。我们找不到桑泰纳家族后代其他更多的资料了。然而，自从分散在其他教区的农场之后，这个家族还是服务于塔纳家族。他们或许将这种分离看做家族的衰败，因为巴特鲁姆的孙女，乌贝蒂诺这个分支的玛丽亚·玛格丽特·基耶萨，于1704年在坎比亚诺

第四章 乡绅的权威:朱利·恺撒·基耶萨

去世,她简短的遗嘱里面有 5 行都是充满了思乡情结。她说她"曾经和无比尊贵的塔纳侯爵同处一室",似乎这是一个永存不朽的荣耀,她还说她会继续为了"尊贵的阁下的神圣威严和家族的繁荣"祈祷。①

基耶萨家族的乌贝蒂诺这个分支没有吉盎·杰利埃佐这支有声望,而且他们提高社会地位的方式也不一样。乌贝蒂诺分支的嫁妆彩礼从 100 到 150 里拉不等(而他们的堂兄弟吉盎·杰利埃佐这支的嫁妆彩礼是 500 到 2500 里拉不等),然而他们每次婚宴上的高档的礼物——基耶萨家的新娘可以"赚到"来参加婚宴的亲戚朋友的礼金——都可达她们嫁妆的 25% 到 66% 不等,证实了他们广泛的社交关系网的价值,这也成为这个家族在当地的社会阶层的优越地位的公开宣言。

在桑泰纳肯定有一定数量的基耶萨家族的乌贝蒂诺分支的后代为朱利·恺撒·基耶萨大力宣传,但是我们只有一条具体的线索。在 17 世纪 50 年代基耶萨家族中乌贝蒂诺的后代与瓦罗内家族有 2 次联姻,后者显然不是桑泰纳周边地区富裕的农民地主。瓦罗内家族中安东尼奥的儿子拉扎里诺娶了基耶萨家族的一个女儿,他的两个妹妹洛伦齐纳和玛丽亚也嫁入了基耶萨家族。拉扎里诺兄妹三人给朱利·恺撒·基耶萨一份礼物——2.8 乔纳塔的可耕土地。这次举动可追溯到 1656 年。②

---

① ASCC, Insinuazione, santena, vol. 21, fol. 315, testamento di Maria Margherita Chiesa di Santena, 6 August 1704.
② ASCC, Insinuazione, Chieri, vol. 92, fol. 744, Donationeal signor Giulio Cesare Chiesa, 22 December 1656.

文件中并未说明这次馈赠的原因,不过,我们可以把它看成是这三家亲密关系的公示和这些穷亲戚与他们权势显赫的村长堂兄之间依赖关系的暗示,这也是对当时已建立的威望的一种证明。在一个家族中,土地从社会地位较低的成员转让到更富有的成员手中,这样就形成了一个交换土地以获得保护的互换互惠体系。

这种馈赠行为仅仅象征了对一种关系的确认,这并非是随意的假设,而是有一定道理的。朱利·恺撒·基耶萨对购地并无兴趣;他得到的这块土地是他在1656年地籍调查时唯一公开的一块土地[①],之后他就再没有扩大他的土地版图了。他的财产是可流动的,他的投资是在声望和关系这样非物质的领域。它们存在于他得到和给予的保护上,存在于女儿的嫁妆和他儿子的教育上。他给孩子们留下的遗产是一种社会角色,这是他在四十年的政治生涯中处理教区和贵族集团之间或是从外部而言处理和基耶里城以及国家财政部门的冲突时不断追寻并一点点积累起来的。

朱利·恺撒·基耶萨没有购买土地,但偶尔也会作为卖方出现在房产交易中。1669年他以1013里拉卖了祖辈留在塞雷索勒的一套房子,他迁移到桑泰纳已足以让一位塔纳家族成员和一位本索家族成员作为这桩买卖的见证人。而后我们又发现朱利·恺撒·基耶萨卖了他妻子的财产。他把她

---

① ASCC,143.Ⅰ,Quartiere Gialdo,fol. 666r,22 December 1656.

第四章 乡绅的权威:朱利·恺撒·基耶萨

1671年从她母亲和阿姨那里继承的卡里尼亚诺的房子给卖了。1673年他提供给韦诺萨公社1478里拉借款,这笔钱也是从岳母那继承来的。①

最终,在1679年,他试着把瓦罗内家族给他的那块地送一部分给他女儿维多利亚当嫁妆。他女儿嫁的是一个叫弗朗西斯科·马西亚的医生,他父亲是约瑟夫·安东尼奥·马西亚,一位来自马丁内戈的律师。这块地离维多利亚要生活的小镇很远,很明显这不是一份让人满意的嫁妆,于是这对夫妻基本不予理会。结果,朱利·恺撒突然发现他又一次成了这块地的主人。1687年,他决定以260里拉的价钱卖给一个叫维托里奥·内格罗的神父,我们已经从此人和朱利·恺撒的儿子乔瓦·巴蒂斯塔·基耶萨的联系中提到过他(在维多利亚的嫁妆中这块土地估价300里拉)。朱利·恺撒去世后,弗朗西斯科·马西亚才试着通过桑泰纳的新村长洛多维科·辛加提索回那块地。但事情结果是,双方签了一份协议,内格罗先生应支付30里拉以获得弗朗西斯科·马西亚书面认可来确保他对这块有争议土地的和平占有权。②

除了这些因与地产交易有关而在公证记载中留有永久记忆的文件外,其他同类文件都未提到过朱利·恺撒·基耶萨。他是桑泰纳的公证人,也许跟他很近的亲戚起草公证书时找

---

① ASCC, Insinuazione, Santena, vol. 2, fol. 261, 23 July 1669; fol. 317, 17 March 1671; fol. 345, 9 October 1673.
② ASSC, Insinuazione, Villastellone, vol. 17, fol. 74, Renontia a favore del M. to Rev. do Don Vittorio Negro, 6 August 1695.

他帮忙,会被认为是不对的,而草拟他自己的交易更被认为不妥当。然而,就连附近的一些城镇如基耶里、坎比亚诺、卡里尼亚诺、维拉斯泰洛、塞雷索勒、波伊里诺、都灵和蒙卡列里的公证文件档案馆里也缺少对他相关事件的记载。另外,桑泰纳在行政上的不确定性意味着独立的公文缺失,当地乡绅家族的家谱也同样缺失。到底这种缺失是偶然的因素所致,或是法律规定所致,还是因为蓄意抹去残迹的一种尝试,我们暂且不论,事实是如果要对基耶萨在这段时期表现的行政能力作一番评价,就必须对他在政治舞台上做出的成就有大致了解,而这又要我们对他的业务活动或者至少对在他提名后发生的事情有所了解。

  首先很重要的一点是,基耶里和桑泰纳的争论平息了。桑泰纳似乎隐身了。该镇没有定期给予基耶里财政上缴,桑泰纳居民也很少出现在基耶里的税收名册上。社群委员会的议会日程上也不再有对此争议的讨论了。基耶萨已成功地巩固了贵族集团的权力,扩大它在远不止村镇"从桥到桥"这样的小范围里的司法行政职能。法律纠纷重新到来时,他就拟定司法条例,并将其呈递上去,这样就证明对桑泰纳整块领土有了更大的管辖权,这些条例还可应用在刑法中的逮捕和判罪以及发生在从泰迪阿戈斯蒂尼至蓬蒂切利、圣萨尔瓦和泰迪吉罗的整个乡村地区偏僻农场上的袭击和杀人事件中。

  其次,集团的贵族在基耶萨任职期间一直毫不动摇地拥护他,直到那个世纪的最后十年朱利·恺撒·基耶萨去世以

第四章 乡绅的权威:朱利·恺撒·基耶萨

后这种拥护才停止。在这之前也有过关于继承或是农田和牧场越界的小纷争,但这并未妨碍集团对农民的集体控制。——我们知道长期以来,这些农民受贵族领主的限制不可以招收越冬的牧羊人和羊群。

四十多年里,桑泰纳的乡绅地主们没有丝毫抗议的迹象。1643年的20人的反叛似乎已被镇压,但朱利·恺撒·基耶萨死后,革命止不住地一次又一次地爆发出来。

朱利·恺撒·基耶萨做得较为成功的地方在于,他让儿子乔瓦·巴蒂斯塔·基耶萨当了教区的神父。这个角色让他可以对社区本身、各种宗教组织及其疏导村庄纠纷的权力进行道德上的控制,还可以从物质上对教堂和修道院的救济金和财产以及对当地社区中关于死者的安葬、追思弥撒、结婚仪式和受洗仪式等重要事项进行控制。总之,所有证明村庄冲突文件的消失无疑可以让人肯定一段稳定期的存在,而这稳定期将随着朱利·恺撒·基耶萨的去世而灰飞烟灭,他带走了他突出的政治管理才干,留给人们的是长期潜伏而尚未解决的诸多问题。而且,在该世纪末,正如所有目击者在谈到朱利·恺撒·基耶萨时无不为之感到惋惜,无不对其投去敬佩而尊敬的目光,我们也可以在他死后肯定地说,他四十年的政治生涯虽然不被记载,却仍是成功的。

朱利·恺撒·基耶萨在结束任期前曾被传唤出庭,这一插曲很好地说明了他对权力的理解。他的职责之一是给生有12个以上小孩的家庭税务蠲免权。这需要在第12个小孩出生后,村长自己,再加上参议院指派的官员亲临现场的证明。然而在桑泰纳事情的运作方式有所不同。1677年以前,朱利·恺撒·基耶萨在没有外来官员合作的情况下就宣布有三个家庭符合蠲免权的要求。也许他是考虑到桑泰纳的不确定性,就独立行使了他村长的权力;也许中央政府对于核实这样的事情没有统一固定的做法,因而都灵就没有派官员去核实村长的宣布结果。不管怎样,1677年4月13日,都灵参议院开始对此事进行调查。关于桑泰纳三个家庭及基耶里四个家庭财政蠲免权的记录无法找到,于是官员要求相关家庭提交证据。调查毫无进展,直到十二年后的1689年9月19日这天,负责此项调查的官员声称"他们没有很好地配合"。① 这里面牵涉到谁呢?首先是塔纳家族。起初他们就没有亲自或和律师一起出现在参议院,不过他们确实享有蠲免权,而且他们的申请信也是很有条理:费德里科·塔纳家12个小孩,列里奥14个,卡洛·伊曼纽尔12个。这些都是官方公布并承认的,而且塔纳家族的土地也被批准免交塔格利亚(taglia)及其他税收。

正是这一事实提醒了朱利·恺撒·基耶萨,让他有了操纵法律的念头,从而展现出他对平衡之术和作假略带狂热的兴趣。他为之提交蠲免权申请的三个家庭分别是他自家(他有5个孩子),有5个孩子的路易吉·安东尼奥·本索伯爵一家和只有2个孩子的恺撒·阿梅迪奥·布罗利亚骑士一家,

---

① ASCC,49.2,fasc.50,Atti civili.

第四章 乡绅的权威:朱利·恺撒·基耶萨

一共是 12 个小孩。遵守集团成员间和谐平等关系原则,他将自己的家庭与桑泰纳最有权势的贵族家庭联合起来,以作为特权的标志。他这么做,当然不是因为土地税在他的预算中占了相当大的比重,事实上他几乎没有土地。这是一次相当高超的权力声明,一次随性而非法的象征性参与。这次参与似乎让他感觉自己在向那些不用履行国家经济义务的贵族家庭靠近。正同他拒绝拥有土地一样,这次参与也让他与下层受土地所有制束缚,受国家税收制度和封建贵族地税控制的农民有了距离。我们无法得知究竟为什么基耶萨要坚持得到与公爵法授予他的不同的权力。当然,整个事情肯定会让动作迟缓的官员们大吃一惊,因为它太凑巧了。唯一免税的家庭竟然是显贵的封臣家庭和村长家庭,这怎么可能呢?1689 年 8 月那些官员要求与这件事件有关的家庭写一份有关家庭情况的材料,最终他们要么直接要么通过律师呈递了材料,但有一人例外,他就是朱利·恺撒·基耶萨。那时他可能已经大病缠身,而这疾病在几个月后夺去了他性命。他还很可能害怕被抓。调查在第一次召集会后就陷入了困境。时间是 1690 年,那年爆发了意法战争,在战争中强劲的敌军占领了皮埃蒙特大区。

1690 年 11 月 4 日,桑泰纳村长兼公证人朱利·恺撒·基耶萨的死亡由他的儿子乔瓦·巴蒂斯塔记录在教区教堂的死亡登记簿上。他享年 72 岁。[①] 他房子里很可能堆满了他当法

---

① APSSPP, Liber Mortuorum, Ⅰ, 1690.

官、村长、公证人和有名望的乡绅而积累起来的各类文件。后来,为了证明朱利·恺撒·基耶萨在桑泰纳与基耶里的冲突新时期的司法使用范围,法庭官员纷纷搜寻他的文件,结果无功而返,只能依靠桑泰纳居民零碎的回忆进行调查。这些文件的消失给朱利·恺撒·基耶萨这个人物增添不少神秘色彩。他所作的大部分记录是在1691年6月19日法军洗劫卡尔马尼奥拉时遗失的,其中有许多是有关司法的文书。[①]

当我们谈到旧制度下欧洲社会现代国家的形成时,往往会把注意力全部集中于社会上层人物,以及由他们的体制角色和他们与土地所有制、商业的紧密联系所定义的那些数据上。与之相反,朱利·恺撒·基耶萨的经历给我们展示的是一名地方政治家通过个人努力改变并操控一个等级森严的社会的规则,通过找出一个表面看似有严格组织结构的社会中相互矛盾而又不明确的规则间的差距来开展有创新意义的活动。朱利·恺撒是一名犯过轻罪的政界人士,一名兢兢业业致力于国家和地区之间、封臣之间以及农民和乡绅之间调解工作的村镇官员。他的关系网给他带来了财富,他的钱财并没有投资于土地或商业领域,而是投资在一个保持和提升不被当地法律和风俗完全接受的声望上,投资在将关系和不稳

---

① AAT,Sommario della causa,251-52.1687-1693年间桑泰纳公证记录里的文书缺失:这些文书在朱利·恺撒·基耶萨晚年就已缺失,而且在他死时可能也没有被存档。还有可能就是从那时起一直到1694年,公证员没有定期去桑泰纳工作。据AST,sez. riunite,Notai记载,第一份文献概述了朱利·恺撒·基耶萨1687-1690年间(一直到1690年2月16日)的一些法案,只有部分与存档的文书相符合。

第四章 乡绅的权威:朱利·恺撒·基耶萨

定的地位所构成的流动遗产中,将它传给下一代。①

桑泰纳发生的这件事非同寻常,不过它却让我们提出了具有普遍意义的问题,诸如社会团体冲突给个人行为所留空间的问题,产生不同规范性体系的权力中心的共存问题。它还提出了乡绅名流这一流动群体的起源以及其政治活动,这群人试图瓦解眼前的等级化社会,给社会流动和个人主义打开一道非正式的裂缝。萨沃伊公国正在改革的路上,他们要建立一个有序的政府系统,建立与新旧贵族稳固的关系,建立一个合理的税收系统和土地商业化体系,让中央行政部门对由五十年政治经济危机演变而来的边缘地区的控制更加稳固和有序。但与此同时,17世纪末的社会已经具有提出问题的对策和建议、保卫自身并对政府的建议提出修正方案的一系列能力。地方的政治阶级有足够的主动权。真正限制这个专制国家实行中央集权的不是法庭、封臣、公共管理员、商人和神父多个群体构成的显而易见的关系网,而是由政治操纵家构成的复杂关系网。对于相同的压力,他们给出了不同的解答,给社会顶层精英——当时皆为重商主义者——与农民复

---

① 除了引用有关地方政策的研究外,一些有关职责传递的人类学著作,对我也有很大的帮助。如:J. Goody, ed. , Succession to High Office (Cambridge:Cambridge University Press,1966); R. Burling, The Passage of Power:Studies in Political Succession (New York:Academic Press,1974); W. A. Shack and P. S. Cohen, Politics in Leadership:A Comparative Perspective (Oxford:Clarendon Press, 1979). 35. "Encapsulation"是贝利用来定义复杂社会中允许存在的具体的当地状况,但中央集权没能完全纯粹地改变地方的政治竞争机制。F. Bailey, Strategems and Spoils; A Social Anthropology of Politics(Oxford:Clarendon Press,1969)。

杂流动的策略之间的关系带来了几分和谐。当时农民都浸淫在与统治阶级所处的环境大为不同的既团结又纷争、既保护又统治的一种积极的社会文化中。

在这个国家的上层社会中,前进的力量似乎已经打败了后退的力量。那些拥有大量土地的农民即资本家升级为新贵,而17世纪初繁忙兴旺的农业生产活动都已成为历史,一去不复返了。在维托里奥·阿梅迪奥二世的统治下,中央政府强烈申明凌驾于贵族之上的权力,要从思想和文化上治国。然而地方势力总在想办法打破这种被包围的状态,新组建的中央政权对此有些不知所措,很难找到解决方案。

地方的领导者从未形成过代表广泛团结的自治组织。这恐怕与他们在地方和国家、社会组织和大量经济可能性之间充当专业联络人的角色不相匹配。同时,他们也没有证明自己有按地域组织管理的能力,哪怕那地区的地域面积很小。他们甩手让其他阶层,即贵族或布尔乔亚(中产阶级)发挥超越当地范围的政治和经济动能。因为要运作于法律的裂缝和各种社会力量的间隙中,他们不得不面对极受限而激烈的延续性问题——首先要面对的就是如何将一种基于威望、调解、保护与被保护的关系和妥协的权力移交给后代的问题。对朱利·恺撒·基耶萨来说,这问题很简单,归结起来就是如何将对他而言十分宝贵的非物质遗产即他的职位保存好并将其传给他儿子。他让儿子当了神父,成了桑泰纳教区的副主教,主管宗教领域有关道德的社会生活。他与罗埃罗家族和塔纳家

第四章 乡绅的权威:朱利·恺撒·基耶萨

族都有联系;而且他有一大笔钱。但这就够了吗?这样一来,桑泰纳来自其他更多名门望族的教士的地位会不会因此受到影响呢?一位新村长诞生之后,贵族集团已形成的平衡会不会遭到破坏呢?

对于乔瓦·巴蒂斯塔·基耶萨我们仍然知之甚少。我们知道他会拉小提琴,我们知道他是神父,马上会知道他还喜欢打猎。我们知道他生活在父亲的阴影中,在1690年前从未以直接主人公的身份中出现在任何公证书中。① 他无疑确信他的位置无人可以取代,想必他觉得自己和他父亲一样在桑泰纳拥有无限的权力。

---

① 据(ATT,10.1.1681,Provvisioni)中记载乔瓦·巴蒂斯塔·基耶萨被任命为神父的时间是1681年3月31日,但那个时候他可能已经是特纳瓦索村的教区神父了,因为公证法案上注明的时间是1683年(ASCC,Insinuazione,Santena,vol. 2,fol.169)。在他的父亲过世后不久,也就是1690年,他继承了他住在保尔格罗的神父叔叔乔瓦尼·玛丽亚·基耶萨的职位(ASCC,Insinuazione,Villastellone,vol. 16,fol.462,Testamento del Molto Rev. do Prete Sig. Don Gio. Maria Chiesa abitante in Borgaro,13 November 1690)。我没能在大主教的记录条款中找到任何关于基耶萨之后教会生涯的信息。

第五章　一笔精神遗产:1694 年审判

当地发生的几件事给乔瓦·巴蒂斯塔·基耶萨的童年和青年蒙上了阴影:桑泰纳和基耶里发生的司法管辖权之战,地方贵族权势的稳固以及他父亲地位的上升。如果说对该地区结构的描述是对农民策略的一种静态呈现——该策略以社会关系和能为行为提供有限预见性的信息搜寻为核心,那么朱利·恺撒·基耶萨的经历能让我们对社群动态学的一个重要方面有新的了解。

将诸多不同的地方封装入更宽泛的政治、司法、管理和经济体系是一个缓慢的现象,不过,这一过程在维托里奥·阿梅迪奥二世统治时期却发生得相当迅速。对这些革新的反应因地而异,但从领导力而言,很快导致的便是一种新型政治专家的引入和其队伍的壮大。这种政治专家能理解当地民众的需求、愿望、资源和传统,并能将它们分开,使之和整个社会范围内的相应要求和资源相联系,还不时地按司法行政系统要求进行调整。这是个多维度的复杂现象。运作于社会不同层面的政治活动和过程中的价值系统、行为准则也存在差异,而当地的斡旋者正是凭借这一点来赢得威望,扩大影响力的。

这里就产生了一个合法性问题,从司法或道德的角度来说便是权力的批准问题。尽管当地贵族集团提名朱利·恺撒·基耶萨为村长,他也得到了参议院的官方批准,但他还是从暧昧地捍卫当地基本价值观的过程中,努力建立一种新型的合法性。总的来说,桑泰纳的居民似乎都已达成共识:当地一个重要目标便是平息内部矛盾。封建领主集团、较富裕的地主和贫穷农民之间紧张的关系所致的社会关系的不确定性,其实是与当地共有的价值观相冲突的,但这并不意味着冲突已消除。往好的方面说,这地区实现了与外部相比较高程度的和谐统一。这正是朱利·恺撒·基耶萨的政治目标。由于优势以不同方式被分配,家族间的紧张关系暂时也消退了。

于是朱利·恺撒·基耶萨的提名便是合法的。不过他的行为被公众接受,逐渐加强了他在社群和封建领主眼中的地位,因为他促进地方团结,而该团结来自于桑泰纳与外部世界,特别是与基耶里、都灵的关系的法律争端。

我们也可以从一个协调者的领导力来分析乔瓦·巴蒂斯塔·基耶萨的经历。他确切的动机和相关的合法性有很大不同,因为从一开始,二者就和一个更普遍的问题纠缠在一起。这个问题就是在如此相对不稳定的情境下,权力如何移交。要弄明白究竟是什么事件把乔瓦·巴蒂斯塔·基耶萨推送到都灵大主教区审判官面前的,我们还需看看17世纪90年代发生的危机。乔瓦·巴蒂斯塔·基耶萨父亲的死正值皮埃蒙

承袭的权力:一个驱魔师的故事

特大区遭遇经济复苏三十年以来最严重的政治经济危机,这使得当地最具权威的职位继承越发艰难。

维托里奥·阿梅迪奥二世曾与法国有十分紧密的关系,在1687年2月停止的法国进攻沃州战役期间表现得尤为突出。然而,在接下来的时期,维托里奥·阿梅迪奥二世与由神圣罗马帝国的奥格斯堡,加上瑞典、西班牙、巴伐利亚以及一些日耳曼国家组成的联盟的关系更密切,尤其是当荷兰和英国加入它们形成大联盟(1689)共同对抗当时占优势地位的路易十四统治的法国之后。法国占领了皮内罗洛,控制了卡萨莱城堡,抢夺大量封地、贵族头衔的企图,导致维托里奥·阿梅迪奥二世改变立场。法国要求维鲁阿(Verrua)城堡和都灵的城堡都应由他们接手,萨沃伊公爵拒绝这么做标志着萨沃伊公爵与法国在皮埃蒙特大区的公开决裂。1690年8月18日,卡提尼特元帅率领的法军在斯塔法尔达打败了西班牙、神圣罗马帝国和萨沃伊公爵的军队。

皮埃蒙特大区的巨变时期开始。这次战争结果比西班牙王位继承战伤亡更惨重;①死亡率急剧上升,尤其在1693—1694年波及整个欧洲的大饥荒时期。② 1691—1693年间,战

---

① 见 E. Stumpo, *Finanza e Stato moderno nel Piemonte del Seicento* (Rome: Istituto Storico Italiano,1979),149 – 55;G. Prato,*il costo della guerra di successione spagnola* (Turin:Sten,1908). 该书对两次战争产生的后果做了比较。

② 关于皮埃蒙特区17世纪90年代的人口危机,见 M. Dossetti,"Asptti demografici del Piemonte occidentale nei secoli XVII e XVIII,"Bollettino storico bibliogragico subalpino 75(1977):127 – 138. L. Del Panta and M. Livi Bacci,"Chronologie, intensite et diffusion des crises de mortalite en Italie:1650 – 1850," *Population* 32(1977):401 – 46 对皮埃蒙特大区其他时期的人口危机也作了概括性的论述。

第五章 一笔精神遗产:1694年审判

争继续在卡尔马尼奥拉和都灵城一带进行,交战双方的军队横行于乡村地区,践踏庄稼,烧毁村庄。

战争初期,基耶里并未受到严重的影响。斯塔法尔达战役之后,卡提尼特的部队向卡尔马尼奥拉市郊进军,但很快他们就向皮内罗洛方向撤退。第二年的7月9日法军占领皮内罗洛市,直到11月8日这座城市才获得解放,重新归皮埃蒙特人、西班牙和神圣罗马帝国军管辖。然而基耶里南部因两军不断的相互袭击而遭到破坏,尤其是维拉斯泰洛几乎被大火烧成废墟。几队士兵在桑泰纳纵火焚屋,劫掠财物,屠杀百姓,无恶不作。[1] 第二章我们提到的阿戈斯蒂诺·多梅尼诺就是这时被杀的。这几个月正好是庄稼和葡萄的成熟期,战争造成如此巨大的破坏,以至于1692年那年成了人们有生以来记忆中收成最惨淡的一年。

对于桑泰纳来说,1691年是整个巨变时期死亡率最高的一年,这与其他地区的年份有些不同。那些随后受到战争和灾难冲击的地区,在1693—1694年大饥荒期间死亡率才达到最高点。军队并非造成1693—1694年大灾难的唯一原因,虽然连续不断有军队途经、打砸抢烧,再加上异常苛刻的军事征税,对桑泰纳造成重大损失。恶劣的暴风雨天气使桑泰纳形

---

[1] 关于在这场战争期间,皮埃蒙特地区尤其是基耶里发生的各种事件,见: D. Carutti, *Storia del regno di Vittorio Amedeo II* (Turin: Paravia, 1856), 91–199; G. F. Guasco, *Vittorio Amedeo II nelle campagne dal 1691 al 1696* (Turin: Bellatore e Bosco, 1914); G. Symcox, *Victor Amedeus II: Absolutism in the Savoyard State, 1675–1730* (Berkeley: University of California Press, 1983), 106–17。

势更为动荡不安。1692年7月28日,冰雹落在平原和小山坡上,砸在刚熟透的谷物和葡萄上。安德扎诺的一位49岁的乡绅梅塞尔·维托·维勒这样描述道:"刚过去的7月28日,那天是为圣彼得和圣保罗庆节祷告的日子。大约在下午四点,天气变得如此糟糕,起初电闪雷鸣,一直持续到我们念三大信经时,很快外面狂风怒吼,大雨倾盆而下。"维勒继续说道:"这场大雨对基耶里和周边地区,尤其是葡萄园,造成严重的损毁。当雨过天晴时,我由窗向外望去:只见大地白茫茫,似乎被雪覆盖着……葡萄受到如此摧残,叶、茎和果实都没了;谷物被拍打在地上,仿佛被马匹践踏过一样,禾杆都无法收割了,其他春季作物也难逃此劫。"①

1693年,继马尔萨利亚战役之后,一直到10月4日,库米亚纳和瓦尔瓦拉地区再次成为战场。部队继续前行,转移作战地点,但这个地区仍受到战争的影响。第二年,基耶里的政府官员奥斯贝德尔·马基洛在医院账本的封皮上发现了这么一段话:"1694年12月27日,天降大雪,大雪持续到第二年,1695年1月到2月,雪越下越大,下到3月。4月8日大雪再次降临,到10日时,地面雪已积半尺深。前一场大雪于3月18日停止,第二场大雪于4月10日至11日停止。"他补充道,"我们几乎没有收获多少粮食,导致第二年没有足够的种子,春季作物几乎都颗粒无收,夏谷也收割无望。然而,食用粟的

---

① ASCC, art. 48, Visite per corrusione e tempesta, Visita di tempesta fatta dall'ill. mo Sig. Mastro Audittore del Ponte nel finaggio dell'Ill . mma Citta di Chieri nell'anno 1692.

第五章 一笔精神遗产:1694 年审判

收成看起来还可以,有消息说:粮食价格已从每埃米娜 5 里拉 10 索尔迪涨到 5 里拉 15 索尔迪,最高达 6 里拉;野豌豆每埃米娜值 3 里拉;宽扁豆每埃米娜值 4 里拉 10 索尔迪。更糟糕的是,不仅我们这个区,周围其他地区也都收成不好。"①

频繁的气象记录表明这一时期不同寻常。这些记录是这一地区整个战争时期仅存的历史资料,除此之外,关于土地交易的各个公证文书中反复提到:战争造成的损毁和穷困是快速出售土地的原因——通常是出售生计必需的土地。没有精确的方式去衡量这一可怕时期对桑泰纳的人口影响。乔瓦·巴蒂斯塔·基耶萨负责教区登记,他所做的记录越来越混乱。其中所含信息的年代明显错乱,显然出生、婚礼和葬礼原先是记录在不同的本子上,凌乱无章法,信息也不完整。之后这些记录被转抄在一起。在基耶萨的记录中,1694 年桑泰纳的死亡率再次陡然提高,那年之后就没有了任何相关的记录。②

① ASCC, Fondo Ospedale Maggiore (uncataloged), Memoria del anno 1694.
② 另见 APSSPP 的《死亡记录册 I》,具体如下:

年份	死亡人数	年份	死亡人数
1688	21	1695	25
1689	18	1696	19
1690	35	1697	23(记录为空白)
1691	84	1698	23
1692	21	1699	33
1693	35	1700	24
1694	75		

在缺少直接定量测量仪来清楚聚焦桑泰纳的情况下,我不得不用较粗略的工具。说这种工具粗略是因为它受到太多可变因素影响以至于很难做到精确,并且它的成分也远不够完整。然而它确实能按照时间序列提供给我们数据,在最后分析时似乎足够灵敏到让我们读懂周期趋向。这个工具就是土地交易,因为公证书总会标明是否在文书草拟之前已付款,是否同一时间付的款,还是——这种情况比较少——在之后才付的款。因此,这里的定量数据不是交易的现金价格,也不是易主的土地总面积,因为如果那样的话,某几个大额交易或请了那些未被我们关注到的公证员的交易将足以使总趋势产生偏差。而且,正如我们在第三章所看到的,市场的运行方式使得土地交易的表面价格极具误导性。依据桑泰纳市场的实际运行逻辑,我认为我所选的指标似乎更具重要性和连贯性。我的看法来源于这样一个假设:土地交易可能会经常被避免或被推迟,交易程序会更耗时。而付款方式使得我们能把自愿出售土地的行为(即土地易主时付款的土地交易行为)与那些被迫出售土地的行为(这种出售行为显示了先前有债务,并且在危机时期这种出售行为越来越频繁)区分开来。付款和土地所有关系转让,中间存在一段时间,这段时间就是先前欠下债务的标志。当债务越积越多时,强制性的土地出售仅仅是最后一幕。公证人对土地出售的批准表明:出售人还钱、拿回土地的希望没了。公证文书经常明确表示:因为负债,才迫不得已变卖土地。

第五章 一笔精神遗产:1694 年审判

公证人经常在土地转让后才做记录,当然有很多原因导致这种付款先于财产转让的现象,这些原因需要纳入我们的考虑范围之中。然而这种分析所得出的结论,对我来说非常重要。我将所有数据以三年为期分组,正是为了避免土地出售注册滞后的影响。在我们所考虑的整个时期,公证行为时付款的土地交易合同占合同总数比例如下:从交易土地的现金价值方面考虑,平均值是 56.4%;从土地大小方面考虑,平均值是 54.2%;从交易金额来看,平均值是51.3%。如果即时付款的出售金额大于平均值,则呈正偏差;如果小于平均值,则呈现负偏差。

平均来看,土地所有权被割让用于偿还先前的合同债务占总交易的一半不到,但是有两个时期,因不可逆转的债务所引发的土地出售数量畸高。这两个时期是 1679—1681 年(尤其是 1679—1680 年)和跨战争时期的 1691—1696 年。在 1691—1693 年达到最峰值,其中 71.4% 被售出的土地,就现金价格来看,指的是在登记土地转让的公证行为前已经支付给卖方的钱款。①

很多出售合同给出了明确的土地出售理由。"由于当前的战争、灾难期"(1693)或者"由于法军(1691)烧毁了当前他们扎营地所在位置的所有民房,人们为了得到资金来重建房屋",土地出售行为出现了。另一个原因是在战时很难找到

---

① 我首先参考土地交易中的货币金额量,是因为进行交易的土地类型各异,比如说有耕地和菜园之分等。用货币购买土地、用货币偿还债务的问题依然存在。

敢冒风险签署租赁合同的农民,这意味着"鉴于战时灾难,人们无法耕种按收益分成的农田"(1691);或者"因为这些地区食品极度缺乏,出现粮食危机,土地出售者有六个小孩要养活,自己却没有粮食、酒和金钱,并几乎丧失了所有的财产,重要的是他们都不知如何去养活自己"(1679),才导致他们出售土地。最常见的说法是:人们未偿还债务或要偿还食品赊账,为了避免因上述原因土地被没收,他们才出售土地。

在村长兼公证人朱利·恺撒·基耶萨死后及战争期间,桑泰纳发生了很多变化。总之,贵族阶层的内部凝聚力已大不如前。在很多方面,地方贵族和乡绅有着不同的经营理念。这不仅仅在于地方贵族的财富和社会声誉跟乡绅的相比,二者悬殊太大,以至于很难用同一标准来衡量;还在于地方贵族能在更广泛的舞台上落实他们的策略。桑泰纳对于贵族家庭来说是偏远的腹地,维系着贵族的宗族称号和古老的封建特权。它只是巨大棋盘上一颗无足轻重的棋子。在这一巨大棋盘上,贵族们被允许也被要求承担都灵王朝在战争、外交以及宗教事务等方面对欧洲政策的风险。塔纳和本索两大家族是桑泰纳声望极高且历史悠久的贵族。尤其是塔纳家族在过去的几个世纪一直都发挥着极为重要的作用。基耶里的大教堂有一祭坛画,专为纪念塔纳家族中一位被土耳其人杀害的骑士;[1]塔纳家族每家每户

---

[1] 又叫做塔纳祭坛画,现在珍藏于法国卢浮宫。这幅画是为了纪念托马索·塔纳(于1503年过世)而作的。见 A. Cavallari Murat, *Antologia monumentale di Chieri*(Turin:San Paolo,1969),77。

第五章 一笔精神遗产:1694年审判

都在屋内陈设着不少路易·贡萨加的肖像,因为塔纳家族中的一位女性成员嫁入了贡萨加家族,她为提高塔纳家族声望做出了贡献,同时也导致在塔纳家族中出了很多抵抗宗教改革的圣徒。① 由此,与当地其他家族相比,塔纳家族在桑泰纳的影响力与日俱增:当塔纳家族向基耶萨家族给予保护时,当他们与租赁农户进行交易时,当他们参加宗教游行时,当他们去教堂做祷告时(由专门为他们家族预留的门进入教堂,坐在家族长椅上祷告),当他们家族中有成员过世被埋在村里时——种种影响力已融入到他们生活各方面的整体形象中。这种形象需要一块平静的腹地,在那里发生的任何丑闻都必须被压制住,那里的任何骚动都必须对外界隐瞒——即便所谓外部世界只是在基耶里或都灵或附近城市遇到的贵族们,但从社会和文化意义上,却是与桑泰纳这个农村截然相反的一个世界。另一方面,桑泰纳的当地乡绅则与贵族们截然相反,他们的全部生活和事业都是在当地展开的。他们的威望、等级及策略都围绕着桑泰纳。他们中几乎没有人试图离开过桑泰纳。这意味着:倘若某家贵族发生不幸,要直接阻止此事对依附于他们的乡绅产生不利影响,似乎是不可能的。看似无法逆转的保护,将因此被逆转,在瞬间就能改变个人命运。

---

① 圣徒路易·贡萨加是唐·费兰特·贡萨加侯爵之子,曼图亚公爵和玛塔·塔纳侯爵夫人(桑泰纳的巴达萨尔·塔纳之女)的堂弟。见 V. Cepari, Vita di San Luigi Gonzaga(Turin:Mairesse,1762)。在1661年,福图纳特·塔纳之女玛丽亚被美化为"天使之后玛利亚"。见 G. Bosio, Santena e I suoi dintorni(Asti:Michelerio,1864)。

这种改变个人命运的变化即将在乔瓦·巴蒂斯塔·基耶萨身上发生。当他正准备子承父业进入当地社会,在塔纳家族的保护伞下,于圣器室和贵族城堡中安逸地度过他的一生时,保护他的塔纳家族成员们正为一场范围波及皮埃蒙特大区外的可怕战争而疲于应战。那时,维托里奥·阿梅迪奥二世卷入了一场与法国的毁灭性战争中,他不允许他的封臣对他有二心。他要求封臣们选择明确的战争立场,并清楚地限制贵族们漫游欧洲各宫廷以追求经历和荣耀的自由。当时,有很多皮埃蒙特贵族"在法国国王麾下效力",公然违反维托里奥·阿梅迪奥二世的禁令。卡洛·伊曼纽尔·塔纳之子,桑泰纳十六分之一封地的继承人卡洛·阿梅迪奥·毛里齐奥·塔纳,就是其中的一位。①

当战争爆发时,萨沃伊公爵(即维托里奥·阿梅迪奥二世)于1690年7月8日命令所有当时在法国的皮埃蒙特贵族归国。很多人事实上在法王手下担任官职。第二年,1691年2月16日,萨沃伊公爵来信命令(2月23日开始实行)调查没有遵守归国令的人员。实际上,在混乱的战争中,很难断定谁还留在法国,谁已经归国,谁去了友好的中立国。

调查人员一次又一次从都灵赶到桑泰纳收集信息,遵照繁琐的行政核查程序,对目击者进行询问。这种问询无疑激

---

① AST sez. riunite, sez. Ⅲ, art. 494, Atti del Patrimoniale Generale per rappresaglia, mazzo A, 1691, Fisco contro diversi vassalli et altri militari sotto li stendardi del re di Francia conrro l'ordine di S. A. R. 这份文件里记录了整个审讯过程以及对目击证人的问询。

第五章 一笔精神遗产：1694年审判

起了桑泰纳当地农民的好奇心，成了他们茶余饭后在村里广场或小酒馆津津乐道的话题。

目前保存下来的只有零星的调查资料，仍然无法解答人们的疑问："塔纳家族中到底有多少人留在了法国？留在法国的那些人具体又是谁？"来自都灵的马克·安东尼奥·甘贝塔长官之前在法王的尼斯军团服役了两年。接到公爵的归国令后，他就立即启程归国。在祖籍为布罗利亚、居住在桑泰纳的雷韦洛家族一位贵族的随行下，他们于1691年1月9日到达了皮埃蒙特。据他所言：来自桑泰纳的一位伯爵当时官至步兵上校，他留在了法国，继续为法国国王效力并统领他组建的"桑泰纳军团"。一位士兵的报告，则与马克·安东尼奥·甘贝塔所言有出入：那军官是一位侯爵，是已故费德里科·塔纳侯爵的次子。

另一位著名的长官米开朗基罗·洛迪先生，之前为法王效力，在桑泰纳军团中服役。当他接到归国令时，他正在里尔。任何人若试图传递萨沃伊公爵命令或表现出遵从公爵命令的迹象，都很快被投入监狱。洛迪就经历了这种事。他被投入监狱，在里面关了三个半月。被释放后，他又在贝休恩城羁留了两个星期。他不清楚是塔纳家族中的哪位成员统领桑泰纳军团，但他知道那人是个伯爵。他这样描述："在那两个星期中，我看到了桑泰纳伯爵，他仍是桑泰纳军团的上校，但是他出门时穿着棕色的双峰束带，系着装饰性的皮带，一条链子搭在上述的皮带和长长的胡须上，他经常与（奥拉托友会的)菲利宾神父在上述的贝休恩城聚餐,并常与那位教父共处一室交谈。"

因此,在7月,萨沃伊公爵的部下询问了桑泰纳和基耶里的几个人,试图确定哪位塔纳家族成员没有归国。① 米开朗基罗·蒙图认为那个人就是已故的卡洛·伊曼纽尔·塔纳伯爵(萨沃伊的洛多维科公主的首席护卫)的长子。他和母亲玛格丽特居住在都灵城的公主府,还在圣托马斯修道院附近租了一栋房子。在萨沃伊公爵下令调查问讯的两年之前,他娶了一位法国贵族之女,来自法国奥弗涅大区的孔狄拉克家族的让娜·德·贝尔福,后来夫妇双双离开桑泰纳去了法国。此事已得到基耶里的一位名叫托马索·罗素的人的证实。

这次调查问讯似乎得出一个定论,在1694年9月23日,依照萨沃伊公爵的命令,卡洛·阿梅迪奥·毛里齐奥·塔纳伯爵的所有财产都被没收。在塔纳家族的威胁和拖延之后,萨沃伊公爵的部下占领了桑泰纳的农场和府第(其内所有的家具、各种木桶及22卡拉的葡萄酒也被没收了)。坎比亚诺

---

① 这件事因昂特拉克镇的费德里科·塔纳侯爵的次子——卢多维科·费利斯伯爵的出现而变得更复杂。博西奥在他的《桑泰纳》一书中第153—157页中写道:"他偏离正道太远了,似乎不可能再回到正道上了……那时当他跟着军团从里尔走到贝休恩城时……他停下来去阅读《旧约》中约瑟的故事来打发时间。"卢多维科·费利斯伯爵当场就皈依了,并去了特拉伯苦修会的修道院。当他在那个修道院为他的一个死去的兄弟守夜时,这个兄弟的灵魂告诉他去找到他的位子和名字。"1692年7月卢多维科·费利斯做了忏悔;在长期遭受着灵魂上的折磨后,1694年11月9日,按照习俗他卧倒在空地上盖了稻草的十字形灰上,带着宁静和喜悦归天了。"The Relation de la vie et de la mort de Frere Palemon religieux de l'Abbaye de la Trappe, nomme dans le monde Le compte de Santena(Paris:Losset,1695)。

第五章 一笔精神遗产:1694年审判

的农场,在基耶里的府第以及其他分封和非分封的财产——总之,塔纳伯爵在1678年19岁时按其父遗嘱,作为长子所继承的家族所有财产都被没收。在整个战争期间,一直到1695年,塔纳家族的成员们都蒙受羞辱,尽管塔纳伯爵的母亲和他的弟弟们唐·弗朗西斯科·路易吉(马耳他的一位骑士)和卡洛·阿梅迪奥(也是位骑士)都忠诚于萨沃伊公爵。唐·弗朗西斯科·路易吉甚至在奥斯塔公国的白十字军团担任长官一职。

塔纳事件的结果如何,不是我们在此所要重点关注的,但是值得简略一提。在1695年,公爵答应只要卡洛·阿梅迪奥·毛里齐奥·塔纳伯爵在这一年归国,就返还他的财产。伯爵和他的家人回到桑泰纳后,根据1697年6月4日公爵令,伯爵重新拥有对他所有财产的控制权,因为伯爵的军团愿意对皮埃蒙特大区给予安全保障。在1699年2月25日,连这项义务都被撤销了。① 显然,他对萨沃伊公爵的不忠并未长久地影响到他个人乃至其他家族成员的事业以及在萨沃伊公国的权势。相反,塔纳家族在18世纪与萨沃伊王室关系极为密切,在贵族阶层中具有极高的影响力。然而,这种一时的耻辱在桑泰纳小小的政治圈中确实产生了严重后果。基耶萨家族的财势一落千丈。乔瓦·巴蒂斯塔·基耶萨甚至还未意识到形势已对他不利。

---

① 卡洛·阿梅迪奥·毛里齐奥·塔纳伯爵财产的没收、归还以及相关的信函,见AST, sez. riunite, Archivi private, Archivio Tana, mazzo 5。

本索家族也在发生着变化。贵族之间已持续了五十年的基本和平，然而期间充斥着一系列的官司、争吵和问题，表现出一种与其说是自发的团结，不如说是被迫的互惠屈尊。所有家族的内部都存在着紧张关系，曾经通过法官来调停。比如说，通过法律诉讼来获得女儿继承权的许可，恢复教会有俸圣职，或确定长子继承权之类的事。塔纳家族和本索家族的多次联姻巩固了两大家族之间的联系。这种联系一直持续到17世纪50年代末列里奥·塔纳和他的妻子扎诺比亚·本索逝世（他们于1603年结婚）。在与基耶里的管辖权争议问题上，两大家族一直是联盟。1680年，坎比亚诺的税务员要求对有争议的土地收取先前和目前的税收，在与坎比亚诺打的一场官司中，两大家族再度联手。两大家族有过一场官司，争论的焦点是一份债务，最终争议于1685年通过签订协议得到解决。① 当时，卡洛·乔瓦·巴蒂斯塔·本索，因未付750里拉的贷款而被法官传召上庭，恺撒·朱利·塔纳主教准许延长本索的还款期至七年，命令卡洛·乔瓦·巴蒂斯塔·本索在1685年6月2日前必须还清债务。② 17世纪90年代初，当本索家族和塔纳家族的一支在采邑土地配额问题上产生纠纷，两大家族之间紧张局势又回复如前，在接下来的十年中，这种

---

① 关于塔纳和本索家族间的纠纷见：AST, sez. riunite, Archivi private, Archivio Tana, mazzo 24。关于两大家族的联姻见 AST, sez. riunite, Archivi private, Archivio Tana, mazzo Ⅰ。

② ASSC, Insinuazione, Chieri, 1685, Transazione tra l'Ill. mo e M. to Rev. do canonico Giulio Cesare Tana e l'Ill. mo e M. to Rev. do Sig. Abate Carlo Giovan Battista Benzo Santena, 13 September 1695.

第五章 一笔精神遗产:1694年审判

紧张局势成为公开对立。可以肯定的是,卡洛·阿梅迪奥·毛里齐奥·塔纳伯爵的财产,还有公爵领地内的塔纳家产被充公,推动了两家势均力敌平衡状态的打破。并且,本索家族也寻求理所当然地接管对桑泰纳争议封地的控制权,即使不能控制全部,也要控制一部分。我们至少可以这么说,虽然桑泰纳表面上风平浪静(至少现存的史料没有相关记载),但是乔瓦·巴蒂斯塔·基耶萨布道的那个时期,形势波谲云诡,因为当地贵族们在本地之外的不同政治选择而导致离心离德。

朱利·恺撒·基耶萨死于这个戏剧性的时期之初。在他执政的那段平静的岁月中,桑泰纳犹如一个隐蔽的村庄,紧张局势平息下来了,与外界的政治冲突加强了当地人的集体荣誉感——如果在这次异常危机的艰难关头,他还活着并且继续担任村长,那么所有这些可能会变得完全不一样。当然这种猜测毫无意义。朱利·恺撒·基耶萨作为一位乡绅,死时把权柄和荣誉都移交给长子乔瓦·巴蒂斯塔·基耶萨,要他在新形势下开启事业,这些做法似乎都是合情合理的。

事实上,乔瓦·巴蒂斯塔·基耶萨在桑泰纳的等级关系中占据重要的地位,他一定曾经困惑过如何把这一优势发挥到极致。桑泰纳不是一个很大的教区。应圣体会(Corpus Domini)、玫瑰经会(Rosary)、祈祷会(Suffragio)和自笞会(Disciplinanti)等4个宗教组织(campagnie)以及谦逊会(umiliate)等教派要求所做的弥撒带来的收益并不丰厚,这个教区的土地并不会带来太多的税收,而且他的家庭财产也不多。朱利·

恺撒·基耶萨的逝去、战争的爆发、农业危机和人民生活普遍贫困,都威胁着乔瓦·巴蒂斯塔·基耶萨的地位。仅他父亲去世一事就可能很快让他的地位一落千丈。总的来说,与塔纳家族的关系、自己家族的威望以及他的教区神父身份,是他现在的全部财富。四年来,乔瓦·巴蒂斯塔一定认为这些已经足够了。他一定相信,威望可以通过完全机械的方式转化成物质财富,比如可以索取远超正常金额的薪俸,从他认为应贿赂他的人那里得到钱财(这些人在基耶萨家族辉煌时期同样贿赂过他父亲)。试图以权谋私,将从上辈继承并累积起来的威望转变成金钱的历史是与渗透在整个经济领域的意识形态机制水乳交融在一起的。乔瓦·巴蒂斯塔·基耶萨的行为似乎说明威望是可以测量计算的实体,而且不会因为他的行为、桑泰纳人的行为以及人们对他的看法的变化而发生转变。威望好像是可以携带的钱财。物质财富同非物质资源被认为是同类事物。物质是不可从由社会关系组成的人的世界中分割的;非物质则是由被误认为是扎根于社会关系的主观意识的可触知的具象构成的。然而事实却是,在朱利·恺撒下世的四年后,乔瓦·巴蒂斯塔·基耶萨已经被许多桑泰纳人由衷地厌恶,并成功地在已被战争和饥荒拖垮的桑泰纳人中制造出尖锐的分裂。事情落到了这个地步,乔瓦·巴蒂斯塔·基耶萨被最高主教法庭以极其难堪的罪名——玩忽职守判罪。让我们再来看一些事实吧!

教区法庭可能收到了一些匿名指控,也遭受了来自本索

第五章　一笔精神遗产:1694 年审判

家族施加的压力。它一定认为这件事情影响很大,需要进行进一步调查,即使这样做会滋长桑泰纳居民们的流言蜚语。1694 年 8 月 10 日,基耶里的弗拉尼奥神父,最可敬的卡洛·贝纳迪诺·塔尔波内和他的助理唐·安东尼奥·托雷塔(桑泰纳本地人),作为其教区的审判长代表也是当时的专家来到桑泰纳执行这次讯问。①

有 8 个人受到询问,他们很好地代表了桑泰纳各个社会阶层,不过对农民的询问是秘密进行的。两个穷困潦倒的人公开表明自己属于地主阶层,但不拥有一寸土地。另外几个人分别是裁缝、药师、小旅馆的老板、商人、租赁农户和地主。后面我们会清楚地看到是谁谴责乔瓦·巴蒂斯塔·基耶萨,现在仅需注意到刚刚提及的事件都是在朱利·恺撒·基耶萨去世后发生的,从 1690 年底至 1694 年 7 月。

相似的控诉重复上演。他们谈起乔瓦·巴蒂斯塔·基耶萨对葬礼、对亲属基金以及财产的管理进行不合理的干涉,而且未能及时举办弥撒。相关事件与相关人物在多次证词中都重复出现,这说明村子里早已流言蜚语不断,每个事件都被叙述并评论过,而且桑泰纳人已经形成了自己的见解。

35 岁的安东尼奥·切尔韦托,又叫玛格罗,是一个目不识丁、穷困潦倒的乡下人,他详细讲述了目击者们描述的其中一个事件。他把时间倒退到 1690 年年底,说道:"大约在四年

---

① 15. AAT,9.4,fol. 17, Acta criminalia Fisci Archiepiscopalis contra Chiesam, 1694.

前,我母亲玛格丽塔去世时,我去邀请可敬的唐·乔瓦·巴蒂斯塔·基耶萨,他是当地的神父。我问他是否可以发发慈悲为我的母亲举行葬礼,鉴于我的贫困不幸,不能当场交钱让他满意,但我会及时尽快地付费。他不答应,执意要我先付费。我补充说将身上仅有的 2 里拉给他,他还是坚持不主持葬礼,除非我全部支付。他问我是否有亚麻制品,我说我全部家当只有两块亚麻,那是我死去的母亲留下的财产。后来他还要求我给他一支枪,他说这支枪值 12 里拉,再加上另外支付他的 2 里拉,总共 14 里拉,他才肯答应举行葬礼。"

裁缝梅塞尔·弗朗西斯科·格里瓦、小酒馆老板马蒂诺·托雷塔和药师巴特鲁姆·泰西奥都提及安东尼奥·切尔韦托之后发生的类似事件。这些事情导致当地人给予乔瓦·巴蒂斯塔·基耶萨神父不好的风评并且广泛传播开来,大家都知道,想要他主持葬礼必须得先付清费用。

类似的事件层出不穷。梅塞尔·弗朗西斯科·格里瓦是已故的马修·格里瓦的儿子,他是个目不识丁的裁缝,才 21 岁。他说:"大约四年前,我的奶奶病危,在她弥留之际,可敬的乔瓦·巴蒂斯塔·基耶萨拜访她老人家。奶奶很正式地跟他说道:'神父先生,我死了,您不会不给我主持葬礼吧?我会让子女们给您一些石榴石。'说完奶奶合上了眼睛,安详地离去,她的葬礼如期举行了。我们给了神父 4 条由石榴石和镀金的闪光片做成的项链,价值正合适这次葬礼的花费。还剩下了一些石榴石,我们把它拼好,想以此支付我姐的葬礼。神

第五章 一笔精神遗产:1694年审判

父先生清点账单的时候,他说这些石榴石只值8里拉,他不让我们核实他的估价,但我们认为这些石榴石的价值远高于8里拉。"

从这些证词中我们得知,乔瓦·巴蒂斯塔·基耶萨在1693年整一年的时间里都在生病,他的事务由他人代理。1694年初,他复出工作,但他的先收钱的习惯没有明显改变。

接下来的两件事影响极大,这也许是乔瓦·巴蒂斯塔·基耶萨遭到谴责的导火线。马蒂诺·托斯科是古列尔莫之子,40岁了,没有文化,是个"一穷二白"的乡下人。他说道:"今年春天,我那不到3岁的一儿一女在两天里相继死去。我去找当地的神父,可敬的乔瓦·巴蒂斯塔·基耶萨先生,去恳求他对我大发慈悲,在我贫困无助的时候,为我那两个孩子主持葬礼。尽管我多次说明我家徒四壁,他还是坚持先付钱,后主持。在这种情况下,既然神父先生如此坚决,我不得不借来7里拉全部交付给他,他收到钱后,两个孩子的葬礼才得以举行。在这之后不久,我的妻子巴特鲁姆死了,这样的事情再次上演。神父拒绝举行葬礼,除非我把我妻子的一件羊毛衬衫给他,衬衫还是新的,当时花了17里拉。我把衬衫给了神父,他却还要我再给他15索尔迪,这些我只有通过给他鱼或者帮他干一天的活换来。我如实地做了,妻子的葬礼才得以举行。"

梅塞尔·加斯帕雷·沙洛特告诉了我们一件更可怕的事情,他是个55岁的商人,受过教育而且拥有500里拉的家产。

"大约在去年大斋期的初期,安娜·西萨(又名为萨沃亚)去世了。在她死之前,当地的神父,可敬的乔瓦·巴蒂斯塔·基耶萨先生来过。在他为她料理圣餐礼之后,她告诉他,他是她的财产继承人。在这种情况下,他才肯为她举行葬礼而且还为她唱弥撒曲。她死后,尽管我对她的事务不感兴趣(虽说她就住在我和我兄弟的家里),但我还是会提醒神父为她主持葬礼。然而,乔瓦·巴蒂斯塔·基耶萨神父却拒绝主持。神父还好几次问我是否想为这次葬礼提供安全保障,我回答说:我不想把自己卷入这样的事情中去。考虑到神父是她的继承人,却不给她举行葬礼,我不得不抗议他的举动,声称我会把她径直送到教堂(不需要经过任何程序)。我的抗议一点用也没有,找不到神父先生,我只能找劳工来给她下葬。神父先生却要他们把她的尸体挖出来,由于墓穴挖掘者跑了,他的意志才没能实现。"

多个目击者提到的关于丧葬的这些事件仅仅是对乔瓦·巴蒂斯塔·基耶萨提出控诉的理由之一。对他的第二个控诉,具体地说,与他不当干预多个宗教组织的财务管理有关,这些指控人都一度是这些教区组织负责会费和礼仪操作的管理者。乔瓦·巴蒂斯塔·基耶萨宣称自己应该"被授予(教会组织头领)称号……向会员要求的捐款是以做弥撒为幌子,以维持这些组织运转为目的。'库拉托先生'(也就是乔瓦·巴蒂斯塔·基耶萨)用这一大笔钱来履行他的义务是不可能的,既无人证实也不合情理,特别在他病了相当长时间的那一年,

第五章 一笔精神遗产：1694 年审判

他无暇做弥撒。"塔尔波内神父接下来专门审问了一些教会组织的主管。乔瓦·巴特鲁姆·莫索是本索伯爵的一个租赁农户，25 岁，虽是文盲，但其公开资产价值超过 400 里拉。在 1694 年 3 月，他成为祈祷会的负责人，莫索说："'库拉托先生'来找过我多次，问我是否能从组织里拿出资金，执意要我把资金给他为做大量的弥撒之用，所以好几次我被迫给了他 30 里拉。事实上，他好几次让我把组织筹集的一半资金拿给他去捐助穷人，剩下的另一半我用来维持组织的运转。实际情况是从我担任这个组织的负责人以来，我只从我的前任那里得到过 1 里拉的资金。"圣体会的前负责人梅塞尔·马蒂诺·卡瓦利亚——一位 40 岁的乡下人，拥有超过 300 里拉的资产——对乔瓦·巴蒂斯塔·基耶萨提出涉及更大金额的更为严重的指控：卡瓦利亚离任时，该组织的资金还有 180 里拉，他只好把这些资金转交给乔瓦·巴蒂斯塔·基耶萨，虽然他知道这个神父一整年都在生病，不可能用这些钱来做弥撒。

还有另外两起指控。其中一起跟教堂的一桩偷窃案有关，更具体地说是教区神父之前报告过的圣体教堂的偷盗事件。裁缝梅塞尔·弗朗西斯科·格里瓦回忆到，在 1694 年春天，乔瓦·巴蒂斯塔·基耶萨的弟弟加布里埃尔给他"带来一块布门帘，门帘已经被染色，想让他做一双长筒袜。我帮他做了。剩下的门帘布料和那双长筒袜，后来被当地许多常来我店铺的顾客认出：与圣体教堂失窃的门帘一模一样"。梅塞尔·加斯帕雷·沙洛特证实了这件事。

第二起诉讼来自于马蒂诺·托雷塔、乔瓦·巴特鲁姆·莫索和巴特鲁姆·泰西奥。他们说道，1694年8月的第一个礼拜天，本地虔诚的人们聚集在那等待，他们相信和往常一样"库拉托先生"会来为他们做弥撒，但是他这次没有来，因为神父先生出去了，有传言说他出去打猎了。

直到11月3日，乔瓦·巴蒂斯塔·基耶萨才被召到都灵对其行为作出解释。当他被传讯时，他在乔瓦·巴蒂斯塔·巴索——教廷最高书记、主教教士和都灵主教区副主教，及可敬的唐·乔瓦·弗朗切斯科·莱奥内蒂——都灵大主教法庭审判长面前做了陈词。审讯简短，并无严重后果。乔瓦·巴蒂斯塔·基耶萨否认了关于葬礼的所有指控，但是他承认"加布里埃尔的长筒袜是用圣体教堂的门帘做成的"这件事属实，因为圣体教堂的门帘已经旧了，马上要更换。他强烈地澄清自己并未干预募捐："我没有干预自答会；至于其他，我都是按照前辈的惯例去做的。如果说我向群众索取费用，那是因为我适时地为他们做弥撒。"最后，他承认8月第一个礼拜天的缺席，他7月的最后一天去拜访他的姐夫，卡洛·弗朗西斯科·马西亚医生，"因为我病了，我就去了我的医生姐夫家里，由于弟弟和侄子陪同我前往，我就带上了姐夫之前向我要过的猎狗和追踪犬，作为礼物送给他。就那次没有做弥撒而言，这不是我的错，而是我不在时为我代班的那个神父的错"。乔瓦·巴蒂斯塔被拘留两天后得到宽恕，是由于他答应今后不再做类似的事，很显然这要感谢富有幽默感的审判长，他是来

第五章 一笔精神遗产:1694年审判

自都灵的帕斯卡家族的一员。审判长要求乔瓦·巴蒂斯塔发誓并上交他的全部所有作为悔改的保证。

乍一看很难认出,他就是我们在第一章所看到的乔瓦·巴蒂斯塔·基耶萨这个人物。这些事过去三年后,他开始在桑泰纳周围教区村庄传教。在这三年期间,桑泰纳的许多事情都发生了变化,或许乔瓦·巴蒂斯塔·基耶萨的内心世界也发生了变化,至少对他——身为这个农民社区的乡绅——被准许和不被准许的角色有了一定认识。在谈及这个之前,我们需要思考:他的父亲朱利·恺撒·基耶萨之死,尤其是与法国的战争,是如何重构了各股势力之间的联盟——不仅在贵族同盟内部,也在桑泰纳村民中。

经济形势的恶化、战争的爆发和贵族集团的危机产生了一个后果:权力的使用变得更加泛滥,由此引起当地社会各阶层的摩擦。各集团都被推向新的立场,他们转变策略,积极寻找一种对自己而言更有利的新均衡。这就是乔瓦·巴蒂斯塔·基耶萨遭谴责的主要原因。起初这些谴责可能是匿名的,很快就成了大家共同的呼声。某个社会阶层最终采取行动,虽然是在整个桑泰纳卷土重来的党派之争的复杂框架中进行的。这甚至导致一位与本索家族有关系的租赁农户站在其他乡绅们这边,反对教区神父乔瓦·巴蒂斯塔·基耶萨。

第六章　权力的界定:地方性策略

在桑泰纳,谁是乔瓦·巴蒂斯塔·基耶萨的敌人?像我们所看到的那样,在他父亲被任命为桑泰纳村长的几年前,20户地主家庭加入反对贵族集团的势力,这类事情之后再次发生已不足为奇。但是此情况已不同于当初的管辖权视角。不再有密切团结的贵族集团试图摆脱基耶里的行政和财政管辖,也不再有该集团的行政人员不惜一切手段对外界隐瞒这个村庄的存在。维托里奥·阿梅迪奥二世的中央集权政策、农业危机、战争的爆发、塔纳伯爵的浮沉、教区神父的傲慢等都在合力改变桑泰纳的面貌。此时泰西奥、沙洛特、格里瓦、莫索和托雷塔这群当地乡绅和一位租赁农民、两位工匠正式对享有教区权威的神父乔瓦·巴蒂斯塔·基耶萨提出指控。1643年,桑泰纳的财产所有者为反抗封建领主、要求将桑泰纳纳入基耶里管辖范围而写了封信,上述的这些人的姓氏出现在这封信的署名中。也有以前署过联名信的一些家族此次未出现,比如说瑞西亚和塔斯齐奥家族;其他家族则与在两份供词上都出现的家族有着联系。桑泰纳最富有的乡绅们又一次

第六章 权力的界定:地方性策略

团结联合起来。

一个小村庄往往是社会体制的不完整例证。在桑泰纳这个小社会中,我们经常提到的乡绅,是明显最不具确定性的社会阶层,或是无明晰定义的。他们活动颇具多样性,长期只是单打独斗,未能抱团出现在政治舞台(虽然在牧羊问题上曾经短暂并肩合作),与权贵的上下垂直关系,种种缺点,都让我们感觉到他们已经陷入毫无活力的政治泥潭。

对于最贫穷的农民来说,最紧要的问题总是生存。这让他们长期地依靠贵族、租赁农户或是财产所有者给予他们一些零碎的工作和施舍。因为薄田无法保证自给自足,所以他们作为一个整体,始终活跃在政治生活的边缘。在1690至1694年间,在葬礼和弥撒方面,他们受到乔瓦·巴蒂斯塔·基耶萨的任意勒索,而至1697年,他们却成了他传教的追随者。另一方面,租赁农户从定义上是和贵族们联系在一起的社会阶层——贵族领主拥有农场,租赁农户租借土地——尽管如此,我们可看见,他们对任何改变都有警觉,随时应对冲突。领主们自己在桑泰纳没有真正的等级区分,贵族集团的参与者都是平起平坐的,只是管辖权的份额有所区别,所有领主都在桑泰纳之外有其他的封地和权力。

乡绅们则处于中间阶层。他们的经济收入靠土地和在乡绅这一行当里的活动。他们的各种活动包括:耕地、手工业、商业和教会的工作。因此他们赚到的钱远多于满足自己生活的花费。封建贵族权力及其随员的存在致使乡绅不能走上行政岗位以推进他们在当地的权益。如果我们能把乡绅定义为"(1)他们的经济地位允许他们占据制定政策的职位或行政职位(通常是无薪的非正式职位);(2)他们喜欢以这种当官方式获取社会威望"①,那么,我们发现在桑泰纳,这一个社会阶层不可能实现其使命,更糟糕的是,由于桑泰纳的自治缺乏司法管辖权上的定义,他们受到封建权力毫无约束的压迫。基耶里,和其他城市及乡村一样,则是另外一幅景象:它有来自社会各阶层的社区代表组成的委员会,这是个协调贵族和商人利益的机构。当然,这个机构是桑泰纳乡绅们仰望的政治模式,因为在基耶里这个城市要实现权力和威望的自治形式是有可能的。

朱利·恺撒·基耶萨的长期掌权,使得桑泰纳人接受了乡绅销声匿迹的现状。在他的统治下,一切行动的目标都在于维护他们的个人财富,也即桑泰纳从中央税务署视野中消失、以轻度的传统封建采邑税代替中央重税而得到经济优势。由于朱利·恺撒·基耶萨保留了桑泰纳在管辖权上的非确定性,他们的村落仍然处在从中央税务署视野里消失的状态中。然而17世纪90年代,桑泰纳半个世纪的平静隐匿时代过去了。由于维托里奥·阿梅迪奥二世的中央集权政策和因战争急需国库供给的缘故,该村落的隐匿一次次地遭到威胁。这

---

① 关于"乡绅"的定义摘自于马克斯·韦伯《经济与社会》,M. Weber, *Economy and Society: An Outline of Interpretive Sociology*, ed. G. Roth and C. Wittich, trans. E. Fischoff et al., 3 vols. (New York: Bedminster Press, 1968), 1:29。

第六章 权力的界定:地方性策略

使得乡绅们又遇到了使他们的祖辈与基耶里站在一边来反对1643年的国家政策的同样问题。

这群乡绅们可能对朱利·恺撒·基耶萨采取了明显的敌对态度。他总脱离乡绅们的家族政策,因为他拒绝积累土地,不把不动产当做个人成功的物质标志和将当地威望传给下一代的终极保障。乡绅们很有理由反对乔瓦·巴蒂斯塔·基耶萨。在桑泰纳,乡绅中最富裕、最有威望的是泰西奥家族。乔瓦尼·巴特鲁姆,是上一辈家族中的领袖,也是反对乔瓦·巴蒂斯塔的一员。而在五十年前,他的爷爷乔瓦尼·安东尼奥,是致基耶里行政官联名信的签署者之一。该家族的这段历史值得细究一下,因为在许多方面,说明了该家族的经济和社会策略。而且,它是一个特别具有代表性的家族,因为它和桑泰纳的其他乡绅家族有联姻,也和邻镇的罗马诺家族、拉泽托家族、卡斯塔尼亚家族、内格罗家族都曾有联姻。

和租赁农户的情况一样,总体来说,泰西奥和那些乡绅家族是按照包含整个家族的集体策略而非按孤立的单个家庭来运作的,即使家庭成员及其财富在财政文件中是以单个的核心家庭形式列出来。各个核心家庭虽然在形式上是分开的,但作为一个协调一致的整体来管理,大家共同享有整个家族的政治威望。这使得在社会中他们能运行得像一个楔形模式,即一个由核心家庭和单个人按金字塔式的层级结构排列而成的楔形模式。这也能使他们集中所有的资源朝向一个共同的策略,以促进某个核心家庭或个人的发展。反过来,得到好处的核心家庭或个人又让作为整体的泰西奥家族的每户核心家庭享受资源、威望和安全保障。这种模式并不是泰西奥家族所独有的。我们发现在农民或自由民家庭中这种类似的血缘政策随处可见,当然这种模式也不局限于桑泰纳。这也是在有关财富继承的司法平等框架中,潜藏着的一个不平等模式;在该模式中,所有的希望都放在某个兄弟那里,他在理论上物质财富的公平分配中起步,成为具有社会威望的名流。在这一司法公平的表面之下,其余的家族成员围绕着他构成了一种不平等的等级关系。

对聚焦单人的关系网络的分析法或者对整个有血缘关系的家族的分析法,比形式结构的类型学分析法更能够提供详尽的图景。形式结构的类型学分析法没有留意到每个核心家庭在与外部世界打交道时的家庭内部关系和联系。事实上,如果我们割裂开来考虑乔瓦尼·安东尼奥·泰西奥家族的后代们,就会忽略许多事情,尤其是两代人之间活动的反复变化,而只有当我们描述他们相互间符合家族总体策略的角色和地位时,我们才知道这种活动的变化具有极其重要的意义。

乔瓦尼·安东尼奥·泰西奥的家庭由三男一女组成。1673年(我们对该家庭的观察开始的年份,我的笔记则开始于1670年),这家的女儿,名字不详,嫁给了一个很富裕很有威望的医生,吉盎·吉奥阔莫·卡斯塔尼亚,此人本是坎比亚诺人。吉盎·吉奥阔莫·卡斯塔尼亚之所以会到桑泰纳来,是因为他的叔叔乔瓦尼·弗朗西斯科·卡斯塔尼亚从1631

年至 1659 年去世前,一直担任此地神父职务。弗朗西斯科·泰西奥在三兄弟中,排行老大,是个药师,可在 1673 年就去世了,留下了四男一女。老二马修·泰西奥在维拉斯泰洛有地产,后来搬到维拉斯泰洛去了,在那里做谷物生意,1668 年得了大病直到 1674 年才病逝,膝下有一男一女。老三托马索·泰西奥,诨名巴东,1689 年去世,留下一男三女。他有相当多的地产,有 8 乔纳塔的农场,一座有花园的房子和一个菜园。他是个谷物商。即便是资料零星,我们也能明显地看到这一代(我们不清楚他们的配偶的名字)泰西奥家族从事商业活动,经营着土地,并且通过卡斯塔尼亚进入了富裕且有社会地位的医界。稍后我们很快会看到,该家族的活动多种多样,而且它的家族策略建立在业务联系、土地和人际关系的传播和扩大的基础之上。泰西奥家族已享受到家庭策略所带来的种种好处。

我们对第三代人的了解更全面,因为在展开全面调查的这段时期,也是他们年轻活跃的时期。

从弗朗西斯科·泰西奥这个药师的后代开始:长子卡洛·托马索生于 1631 年,接管了家族财产。二子,乔瓦尼·阿梅迪奥生于 1634 年,是个受人尊重的神父。三子乔瓦尼·安东尼奥先生,是位医生。四子乔瓦尼·巴蒂斯塔是个地主和谷物商。弗朗西斯科的药剂买卖没有传给儿子而是传给侄子,他也叫乔瓦尼·安东尼奥——他的弟弟托马索的儿子。马修的儿子托马索,在他父亲搬去维拉斯泰洛后,与家族的关系变得疏远,他娶了罗马诺家族的一位女子——罗马诺家族是一个极富裕的皮革商兼地主、在桑泰纳和维拉斯泰洛又是租赁农户的家族。经商的乔瓦尼·巴蒂斯塔与其后代后来又搬到基耶里去了。很显然,泰西奥家族在家族内部传递其活动不是绝对地子承父业而是伯父传给侄子。这顺应了时代发展的要求、家族生活方式的循环和适时的继承权的发展。

至于家族的姻亲联盟,托马索一支的任务是使得泰西奥家族与原本就是亲戚的拉泽托家族亲上加亲,因为弗朗西斯科的妻子就来自拉泽托家族。在桑泰纳当地,泰西奥和拉泽托两大家族都有人从事地主、医生、神父行业。玛达莱娜·泰西奥后来嫁给了拉泽托家族最前途无量的年轻人阿戈斯蒂诺·拉泽托,可她的死却使得两大家族的联合相当短暂。两家的关系是后来通过托马索的儿子乔瓦尼·安东尼奥和乔瓦娜·玛丽亚·拉泽托的联姻才再次加强的。①

在第三代人中,可敬的乔瓦尼·阿梅迪奥·泰西奥处于统治地位,他在属于本索家族的一个教堂里当神父。他没能取代乔瓦·巴蒂斯塔·基耶萨而成为教区的神父——如果说他确有此企图的话。

泰西奥家族大量的买入和极少的出售大多数是以乔瓦尼·阿梅迪奥·泰西奥的名义登记并记录在公证经办人的文书里。很明显,乔瓦尼·阿梅迪奥·泰西奥神父没有直接继

---

① AAT,10. I,Provvisioni semplici,1700,fol. 92.

承人。他积累土地是为了加强家族的整体实力,因为神父所拥有的土地有更好的躲避封建税和地区税的可能性。在1673年至1693年之间,乔瓦尼·阿梅迪奥以他自己的名义或他兄弟、侄子的名义在50个公证文书中购买或交换17乔纳塔89塔沃拉的土地和5所房子。他还出售了10乔纳塔土地和5所房子,付了3869里拉13索尔迪,获得了1880里拉13索尔迪。与其他乡绅不同,乔瓦尼·阿梅迪奥并没有大量放款出去,而是把目标放在基于威望的社会联系上。泰西奥家族中有部分人是当地的医生和神父。他们和坎比亚诺的卡斯塔尼亚家族(通过卡斯塔尼亚姑父和姑姑的婚姻,当第三代乔瓦尼·安东尼奥[弗朗西斯科之子]和第四代药师乔瓦尼·巴特鲁姆[第三代乔瓦尼·安东尼奥之子]各自的亲生父生去世后,卡斯塔尼亚姑父成了他们的监护人)以及拉泽托家族都有联系。卡斯塔尼亚和拉泽托这两大家族都有人从事医生、神父、地主行业。然而,这还没有完。在17世纪70年代,乔瓦尼·阿梅迪奥是欧塔维奥·内格罗医生的监护人,欧塔维奥·内格罗是官员之子,神父唐·维托里奥·内格罗的兄弟。唐·维托里奥·内格罗在乔瓦·巴蒂斯塔·基耶萨的驱魔活动中作为助理一直陪伴着他。

乔瓦尼·阿梅迪奥不仅在家族置业时频频出现,展现了其地位的重要性,他在家族支持的持续政策中,在家族财产和责任的重新分配中都位居中心。他不断把土地分赠给兄弟、堂兄弟和侄子。土地馈赠的最高峰时,乔瓦尼·阿梅迪奥于

1680年在一个虚假的买卖中,以3000里拉的价格从他的医生弟弟那里拿了一块27乔纳塔50塔沃拉的土地,而这块土地最初是前者赠送给后者的。乔瓦尼·安东尼奥在该地区的土地市场上极其活跃,神父和他的医生弟弟在家庭的关系和经济网络的核心领域,像演双簧一样运作着。有21份公证文书买入32乔纳塔89塔沃拉的土地,价值3444里拉13索尔迪7德纳日,还有21份公证文书出售18乔纳塔78塔沃拉7皮耶德的土地条款(这些土地质量差,因为即便出售也只有330里拉)。

泰西奥家族和大家一样度过了17世纪90年代的困难危机时期。在1691年至1694年间,卡洛·托马索、可敬的乔瓦尼·阿梅迪奥和乔瓦尼·安东尼奥相继去世。这迫切需要重新分配财物和工作。卡洛·托马索的儿子卡洛·弗朗西斯科是个神父。1680年,叔叔乔瓦尼·阿梅迪奥给他的侄子卡洛·弗朗西斯科留了一些地,让他能够自由支配。乔瓦尼·安东尼奥的长子乔瓦尼·巴特鲁姆成了一个药师;他的次子,成了一个商人兼农场主,卡洛·托马索和乔瓦尼·阿梅迪奥把所有的土地都留给了神父卡洛·弗朗西斯科。而动产给了药师,药师又传给他儿子。药师—神父—谷物商,一条新的职业链形成了,并在1698年,当卡洛·弗朗西斯科神父把较好的不动产转给堂兄弟时,得到了加强。

这么多的人物、职业、同名的人并不容易理解。该家族策略可以简单地概括为以下几点:

第六章 权力的界定：地方性策略

a) 四种职业代代反复出现：谷物商、外科医生（或内科医生或药师）、神父和农场主。当有必要传递职业时，代与代之间职业传递的问题是通过叔侄之间而非父子之间的传递而解决的。

b) 每一代人中，土地集中问题往往围绕两个人，其中一个主要人物是神父，他没有直接继承人且能够免交土地税。土地在家族内部进行频繁流转，至于这些土地由谁来实际经营、在征税单上归于谁的名下，则无关紧要。

c) 财产比组成该家族的核心家庭来说更相对集中。核心家庭更具流动性并更易于从全体家族中被抛掷出来或掉队。

d) 该家族内部人员和其他乡绅家族的人通婚也基于以下相似的职业组合：内科医生（或者药师和外科医生）、地主、神父和谷物商。

泰西奥家族对各个核心家庭的支配，核心家庭对个人的支配，都会产生明显的对个人命运不公平的结果。该家族不可能保持每个人高高在上的经济地位，事实上，从家族中排除一部分成员成为了该家族的策略。这种多样化政策的实施在婚姻里很明显。该家族女性成员的婚姻，若有益于家族政策，便要很轻易地通向一条被排除之路，这并不是鼓励她们去当修女——去修道院代价很高，而且对于闺阁女性来说有如一条死胡同——而是让她们下嫁给一个地位不如她们的男人，当然这不并会减弱该家族的威望。此例子便是继承了神父叔叔乔瓦尼·阿梅迪奥所有的威望、领导才能和家族田产的乡绅卡洛·弗朗西斯科的两位姐妹的遭遇。这一支脉因唯一的男性继承人当了神父而不能发展。埃莉诺拉(利奥诺拉)·玛格丽特和安娜分别嫁给了外村的租赁农户(来自维拉斯泰洛的路易吉·阿瓦塔尼奥和来自安德扎诺的乔瓦尼·巴蒂斯塔·维拉),她们的嫁妆与其社会地位相比就显得寒酸,与她们堂姐妹的嫁妆相比也少。可对她们下嫁的家庭来说,她们的嫁妆可是绰绰有余了。两姐妹的嫁妆价值还不到200里拉,其中包括婚礼礼品,包括来自母亲的馈赠,还有她们的继承物。通过这种方式,她们没有继承权了。她们签下的嫁妆条款中清楚地写有放弃家族财产的一条,以无法将她们涵盖的威望政治的名义而实行,她们的签名使得这看起来像是自愿的行为。

我们无法知道她们如何感知这种境遇,记录她们的失望情绪的文件虽阙如,但这仍不必然表明她们毫无痛苦地适应了家族的策略。不过泰西奥家族中,在比埃莉诺拉和安娜的婚礼更体面、看起来也不像放逐的婚礼上,有时候也可以零星发现个别的抵抗痕迹。玛丽亚·孔韦尔索·多梅尼诺的案例是少有的围绕一位女性的文件记录,玛丽亚·孔韦尔索·多梅尼诺成功了,可手边的其他案例中,女性无一例外都失败了。妇女角色的重要性,妇女间的团结,她们对丈夫和儿女施加直接或间接的影响,所有这些留下的只不过是支离破碎的痕迹。我们能做的也最多是将这些痕迹作为一系列很难描述或评估的暗示,至少在桑泰纳这个小村镇的水平上是如此。

乔瓦尼·巴特鲁姆·泰西奥于1700年娶了安吉拉·玛丽亚·卡斯塔尼亚。这又是一次重新加强上述讨论过的家族

第六章 权力的界定:地方性策略

联系的内部通婚。① 嫁妆相对丰厚有850里拉,可仍不与两家的财富相称。安吉拉·玛丽亚是一个十分好强的女人。我们不知道她对这位很有名的药师丈夫,对这样的婚礼,持什么样的看法。我们只知道嫁妆对她来说是不够的。所以她拒绝在放弃继承权的协议上签字,以表示抗议。这种做法使得紧张关系、敌意、威胁,以及可能的压力都压在她的肩上。在娘家,她不受待见,整个卡斯塔尼亚家族的人也没有一个人跟她说话。在公证人经办的一向严肃的字里行间里,我们感到了她的痛苦。1700年3月30日正午,安吉拉·玛丽亚·卡斯塔尼亚来到了公证人家里。这位公证人是来自坎比亚诺的博尔加雷洛,他拟订了由她父亲和丈夫协商并同意的条款。然而她不是去那里接受条款。相反,在一个题为"抗议"的条款里,她宣布拒绝该协议,"因为该协议对她有偏见",如果她签字同意了,"那不是别的缘故,而正是对她父亲的尊重和为了避免上述情况而遭致的惩罚。在婚约签订后……她没能跟父亲说过话,连他的房间都不准进,甚至没能看到父亲任何慈爱的迹象"②。公证人及时记录了这些声明,最终,安吉拉·玛丽亚同

---

① AAT,10.I,1699,fol.77.应该注意的是近亲结婚现象在桑泰纳相当普遍。由于《结婚登记册》里1672—1692年间的记录缺失,使得更难准确计算出近亲结婚比率,大概在10%-20%之间。尤其值得强调的是乡绅阶层中近亲结婚现象尤为普遍。1679—1701年间,在教区举行的15桩婚礼中,就有10桩是乡绅家族婚礼。举行经教皇训谕批准的婚礼嫁妆高达100里拉,比多数贫民的嫁妆要高得多。如此高的费用令我对农民社区近亲结婚是为了节省嫁妆这一说法持有异议。

② ASCC, Insinuazione, Cambiano, vol.21, Protesta della Sigora Angela Maria Tesea del Molto ill. mo Sig. medico Gio. Giacomo Castagna, moglie del Signor Bartolomeo Teseo di Santena,30 marzo 1700;Cambiano a hore sedei.

意在原来的协议上签字,"她一定经历了暴风雨般的下午",因为在 4 小时后,她回到了公证人那里,口述第二份抗议书。在抗议中,她声明"她现在不满意,将来也不满意今天在她身上使用的一些手段"。关于此事的进展情况,之后没有任何记录,然而这却暗示了深思熟虑的家族策略时不时会带来的痛苦。

在桑泰纳所有的日常生活中都充满了紧张的气氛,而且乡绅之间的关系也不例外。这儿又是一例,以乔瓦尼·巴蒂斯塔·泰西奥和他的家庭成员为中心。乔瓦尼·巴蒂斯塔在家里四兄弟中排名老幺,也是兄弟中寿命最长的。虽然他参加了卡洛·托马索的女儿——他的侄女——的嫁妆的分配,以示他是家族不可或缺的一分子,但是在事务的打理上,他仍是处于微不足道的地位。在土地购置的公证文书方面,以他名义或他支持的条款里都由哥哥们签名,他几乎没有露过面。而且他所谓的拥有大量土地仅是一个虚名。他和长子乔瓦尼·安东尼奥一起在兄长们的土地上劳作。他比兄长们多得到一些家畜,比如在 1690 年得了两头公牛,这样他才能为他的神父哥哥耕地,运送谷物。在泰西奥家族中,谷物生意是一项重要的活动,同时也是种植者、商人、运输者(把谷物运到都灵、阿斯蒂市场和在基耶里的较小市场)之间紧张关系的源头。

1698 年 6 月 8 日,乔瓦尼·巴蒂斯塔·泰西奥的儿子乔瓦尼·安东尼奥在波伊里诺的一条路上遇见了从阿斯蒂来的乔瓦·多梅尼科·梅利奥——他们都是从桑泰纳小规模种植

第六章 权力的界定:地方性策略

谷物的农民那里收购谷物,两人是竞争对手。乔瓦尼·安东尼奥利用此机会言语挑衅他,对他说"不惧怕从桑泰纳来的任何谷物商"。可乔瓦·多梅尼科·梅利奥不想打架。泰西奥家族比他家更有影响力更强大。之前,一位乡绅不顾封建领主垄断令饲养羊群,乔瓦·多梅尼科·梅利奥与没收这些羊的警察发生了争执,因这事吃了点小小的官司。① 而且他和泰西奥家族有着共同的利益。因此,他避免争吵。"他抱怨地问他是否不排除任何人。"乔瓦尼·安东尼奥的回答是肯定的。此时,"两人都被激怒了"。他们彼此拳脚相加,直至乔瓦尼·安东尼奥一刀捅进了乔瓦·多梅尼科·梅利奥的腹中,后者两天后就死了。

由此可见,即便是看上去牢固的社会平衡也会因冲突和暴力而瓦解。然而,特权阶级的稳固性,却没有瓦解崩溃。相反当特权阶级的冲突没法避免时,会有另一种力量平息该冲突。乔瓦尼·安东尼奥逃走了,梅利奥家族对乔瓦尼·安东尼奥产生了深怨和仇恨,但全部的乡绅着手平息此事,以恢复昔日的和平。两家共同的朋友(有3位我们都能猜出他们的名字,即便资料没有记载)说服了梅利奥一家人:看在上帝的份上,看在自己作为虔诚的基督教徒的份上,放下邪念和仇恨。

---

① 我们不清楚这件事具体何时发生,但是对乔瓦·多梅尼科·梅利奥的审判直到1698年他去世才结束。一位罗马诺家族成员护送他的羊群前往牧场的途中,一位桑泰纳警察违反法令没收了他的羊。但是"当他来到 Tetto del Givo 农场时,米尼奥托、乔瓦尼·多梅尼科、卡洛、洛伦佐和梅利奥兄弟无视法律强行将羊群赶走。"(ATT,5.13,fol. 28,Feudo di Santena,249)

195

不仅家族间的平衡状态很难维持,乡绅圈脆弱的平衡状态更是如此。正如我们在第二章中看到的,朋友们在缔造和平上的努力,在这里运行得有点像贵族的特别法庭,它取代封建领主的有力干预,来建立租赁农户间的和平。

泰西奥家族和梅利奥家族在10月1日签订了他们的一个和平协定,并且"相互拥抱了,以示真正的和平,并希望都不计前嫌,和以前那样的友好地打交道。最后祈求上帝保佑他们世代的和平"。正如私人协议中常见的那样,象征意义的条件取代了地方和中央权力的公正,力求重新建立因谋杀案而破坏的平衡。这个条件就是:乔瓦·多梅尼科·梅利奥的遗孀安娜·玛丽亚要求犯谋杀罪的"乔瓦尼·安东尼奥从杀人的那天起,从桑泰纳消失一年"。①

正如我们所看到的,该社会阶层的家族策略遵循着许多其他社会群体活动原则的模式。然而,他们和租赁农户之间有很大的差别,这使得乡绅在某些方面与贵族家庭有着明显相似。

第一,他们更大的职业多样性和从事的职业种类使得他们与贵族家族——如果当地确有贵族家族的话——的主雇依赖关系较为短暂偶然。

第二,他们更强调家族内部的个性化发展。这点从所支付的嫁妆的差异及姻亲关系更多是具有工具性意义上就可以清楚地看到。突显特异人物故而团结起来的形状像一个尖形

---

① ASCC, Insinuazione, Santena, vol. 4, Pace fra Anna Maria vedova del fu Gio. Domenico Megliore et Gio. Antonio Tesio, figlio di Gio. Battista, di Santena, 249).

第六章　权力的界定:地方性策略

的楔子,这就是他们与紧密抱团的租赁农户家族的差异的最佳体现。

第三,农民和领主占绝大多数的这个社区给他们的发展空间太小,所以很自然地注定了他们面目模糊的特性,渴望去创造一个独立于封建力量的本地政治环境。

除了泰西奥家族,在桑泰纳还包括了其他有着类似故事的家族,这些故事我们不必再赘述,只是顺便提提这些我们遇到过的家族:卡斯塔尼亚、拉泽托、内格罗、罗马诺、托斯科、沙洛特、梅利奥和托雷塔家族。

他们所持有的土地,他们建在村庄广场上、面对教堂、带着马厩与干草仓的由赤土色砖墙和瓦片屋顶做成的庄园,当然或许还有他们的穿着,无一不表明他们与那些贫穷的农民家族的社会地位不同。那些农民们没有丰富多彩的社会活动,只是年复一年地把自己的希望寄托在收成无保障的庄稼上,而他们的房子也通常是用泥墙和稻草屋顶勉强糊成的。纵观整个村庄的全貌,当视线从中心地带转移到外围,从砖石城堡、砖瓦房来到稻草屋马上便使人感受到了社会分层。然而这些乡绅——无论是医生、神父、酒馆主还是裁缝,他们本质上仍然是农民。这一点在我们看乔瓦尼·巴特鲁姆·泰西奥鼎盛时期的房子时便能深刻体会。当他从父亲(一名外科医生)和伯父(一名神父)那里继承到遗产后,公证人登记的第一件物品就是在他房子旁边的一大垛粪肥。他除了得到了4所房子和2个铺子(他住在乡村广场上,与叔伯父及堂兄弟们是邻居),同时也继承了41乔纳塔土地,2头公牛、2头奶牛、4头公猪、1头母猪和4头羊。在他的仓库里还收着80袋混合种植的麦子和黑麦,4袋大豆和12袋燕麦。他有32个锡制碟碗和17个铜制用具,无数个铁和黄铜制的家伙什,仅有几个是土陶器用具,而土陶器用具在贫农家中却是占绝大多数的常见用品。他的床垫是用羊毛,而不是用羽毛或谷叶作芯的,他还有2杆长枪、2把手枪、3把剑和2把匕首,而不是那些贫民家庭中常有的火枪绳。他的家具是用胡桃木制成,而不是用枫木或其他劣质木材,而且他还有亚麻布和珠宝。因此财富的规模基本上是由他们所拥有物品的数量和这些物品的材质来决定的。(城市里贵族们的宅子会有一个迥然不同的景象,大量的画作悬挂于墙上,几本著作的装饰,这些都是桑泰纳所缺少的风格。)当然也有一些物品泄露了屋主们也少不了日常的田间操作(犁、镰刀、锄头、耙子、铲子、干草叉和3辆货运马车)及家庭主妇们的体力劳动。家里的仆人很少,9个家庭中就有8个家庭仍然保留着抽茧用的铜缸和纺纱用的装备,及常用的烤面包用的柜子。

　　这是乔瓦尼·巴特鲁姆——1694年乔瓦·巴蒂斯塔·基耶萨的控诉人——的屋子。当时,8个目击证人中更具有决定性的4人都作证反对乔瓦·巴蒂斯塔·基耶萨,为那些或许不敢站出来指证乔瓦·巴蒂斯塔·基耶萨神父的人而仗义执言。这4个人是酒馆老板托雷塔、裁缝格里瓦、商人加斯帕尔·沙洛特和我们的药师乔瓦尼·巴特鲁姆·泰西奥先生。各种牢骚不满——封建领主的祖护,基耶萨家族极其成功的事业,贵族集团

第六章 权力的界定:地方性策略

所任命官职的无边权力,房产、菜园的免役税——所有这些汇聚一起,在五十年后使乡绅们再度壮志满怀地要参与到更开放的城镇活动中,消除封建领主不受制衡的权力在桑泰纳所产生的负面影响。不过在其他方面,乡绅并不是具有很大颠覆力的群体。他们的生活,像贵族的生活一样,是围绕着权利、财富和权力而展开的,而这些权利、财富和权力与他们视为静止不朽的社会等级密不可分。至多,这种生活被来自外界的探险者们所打搅,他们搅乱桑泰纳悠久的宁静秩序,混淆各种原有的权力,并斡旋于本地策略与中央政府的新命令之间。

由于管辖权的不明确而鲜为人知的桑泰纳或许能显示出表面团结平静的面貌。然而这种情形显然不可能再持续下去了。它掩藏了很多郁积的利益冲突,这既包括社会各阶层之间的利益冲突,也包括与两大封建贵族的垂直联系所决定的各群体之间的利益冲突。塔纳和本索两大家族,无论在政治上还是在态度上都是截然对立的。我们得到这样的印象:在我们整个研究的时期内,桑泰纳的每个家族都有很好的理由去支持社会生活的结构机制发生变化,而现状作为一种妥协之所以被大众接受是由于缺乏更好的选择。要求变化的强大的潜能隐藏在自我维持并僵硬的现存社会等级下。信仰和奇迹经常在这样一个不明确的环境里找到生存空间,在这里,暂时的休战、极大的不满、外部的和平和潜在的冲突共存,从来没有明确或是稳定的平衡状态曾经存在。

剥去原本形影相伴的情感因素后,许多事件的意义便更容易在由角色功能、等级和地位所定义的精准目的基础上进行分类。不过,当这些事件发生了,行动的动机、模式及其后果产生一个复合体,它是超越现在我们认为能通过公证文书的字里行间所得到的功能性动机的。张力和平衡的混合,由自身的社会阶层决定的身份感和在垂直结构上对贵族集团的忠诚感的混合,支配着在这个政治现实中要求团结或分裂的冲动。

选择的模糊性,很明显表现在桑泰纳人对本教区的平信徒教区组织的参与上,关于这个我们有大量数据可以使用。在这个组织中而不在那个组织中的会员身份可以是一种制造团结、定义身份的颇具吸引力的方式,或者相反也可以表达差异、冲突和敌意。毕竟,乔瓦·巴蒂斯塔·基耶萨通过他的选择——选择同情谁、在弥撒和救济品方面选择向谁狮子大开口——暗示出不同教区组织之间的差异。在1694年的审判中,他尽力去表明他从未企图"干预自答会",这使我们不禁怀疑,这一选择是不是来自提供庇护的封建领主的指示,或一些我们现在不可索解的突发奇想所决定的。或许另一方面,它显示了乔瓦·巴蒂斯塔·基耶萨利用已存在或者他想要极力促成的结盟的愿望。

虽然这些教区组织的成员和负责人的名单现在已经无法得到,但我们有17世纪的遗嘱作为研究资料。83.6%的桑泰纳人在临死前会留一些馈赠给教区组织,要求教区组织护送他们去最后的栖息地,或是葬于每个教区组织所保有的纪念公墓,或者是仅仅要求得到祈祷。那些没有立下遗嘱就去世

第六章 权力的界定:地方性策略

的人们并不是最穷的而是变动频繁、较少融入本地社会的人:近期移民、村庄中没有固定居所的人们,或者是士兵。在这些平信徒组织中里神圣与世俗的结合,使得事情更加复杂化,因为这些虔诚的组织也是一种志愿团体精神的体现,是兴趣、友谊、亲情在日常生活中结成的关系网。它们并不反映社区中的政治派别,而只反映一种社会态势。它们也有另外一种含义:那就是互有敌意的人们也可能在这些组织虔诚实践的有限空间里中相遇;日常生活中的团结可能被其他关系所淡化,而日常工作中不经常接触的人们却可能创造出某种关系。① 我们拥有的关于桑泰纳的文件不能给我们提供任何直接的结论,但是却给人一种感觉——那就是至少这些虔诚的组织给濒死者提供一种失而复得的团结、规则的重建和关于威望的本地紧张状态得到疏解的感觉。这是个人在这个规范不明确的农业社会经常会遭遇的事情。对于生者来说,成为一个平信徒组织的成

---

① 对我来说,教区组织非常好地体现了这一政治体系。它们把横向的社会阶层内含混不清的团结、纵向的集团或宗派间的团结与教区信仰交错融合起来,既体现了集团关系又反映了宗教活动中因日常矛盾而引起的叛乱。乔瓦·巴蒂斯塔·基耶萨试图给教区组织成员关系所反映出的分裂状况指定政治方向。但是他失败了。为了从负责人一职或从参与公开展示他们的施舍物品和陈设品的活动中获得优势,许多教区组织间接地卷入了当地竞争;但他们不想公开拉帮结派。这一点在他们和对手都想掌管教区的竞争中表现得尤为明显。关于这个问题的一些方面,见 E. Grendi, "Morfologia e dinamica della vita associative urbana. Le confraternite a Genova fra I secoli XVI e XVIII," *Atti della Societa Ligure di Storia Patria* n. s. 5(1965):241-311;F. Rmella and A. Torre, "Le associazioni devozionali," in *Materiali sulla religiosita dei laici*. Alba 1698 - Asti1742, G. Romano, ed. (Turin: Regione Piemonte, 1981), 41-138; R. F. Weissman, *Ritual Brotherhood in Ranaissance Florence* (New York: Academic Press, 1982)。关于政治关系和宗教关系的融合,见 F. Barth, *Political Leadership among Swat Pathans*(London: Athlone Press, 1956)。

员,在这个组织里竞争公职,有可能混合了信仰本身和世俗世界的忠诚感的象征性表达。然而即使立遗嘱者只是某个组织的成员,他留钱给一个以上组织的现象也并不罕见。至少在弥留之际,团结精神也倾向于超越分裂和冲突。在桑泰纳,一共有圣体会(Corpus Domini)、玫瑰经会(Rosary)、祈祷会(Suffragio)和自笞会(Disciplinanti)以及谦逊会(umiliate)五个这样的教会组织。

在大多数情况下,虽然这些死者仅属于某个组织,但他们的遗产会被分配给不止一个组织。甚至有可能在他死后,收到遗嘱最大份额的那个组织曾是他生前最敌对的组织,这就好像一个人的死在宗教意义上反而达到了平衡。有53个立遗嘱者在遗产分配上以较大份额表明了对某一组织的偏向(有24个案例的遗产仅被留给一个组织,而29例在数量不一的情况下,分配给了不止一个组织)。在所有案例中,半数以上较为青睐圣体会(共计28例),位居第二的是自笞会,有11例。而如果硬要将社会阶层与遗赠相对应的话,我们会发现有一定的弱相关。租赁农户方面,圣体会受到明显的青睐,而自笞会则紧随其后。对于贵族而言,自笞会的受青睐的程度稍微高一些;而相反,那些较贫穷的农民和其余的普通老百姓却对圣体会表现出明显的偏爱。最后,妇女们,不管她们自身属于哪个社会阶层,正如被大家所预料的那样,对特殊的组织表现出了极其明显的偏爱——如谦逊会和玫瑰经会,她们会给圣体会留些遗赠,而对于自笞会却几乎什么都不留。①

最后一个普遍的发现：那就是随着时间的推移，遗赠是相对持续的，而对于不同组织的喜好程度并没什么显著的变化。当然也有一个例外，但是这个例外对我们来说却是非常重要，那就是在基耶萨积极地支持自笞派（如果我们相信他自己的那些说辞）的这段时间（1687—1696），提及这个组织的遗嘱数量急剧下降，仅仅勉强超过祈祷会和谦逊会。后两个组织在社区贡献活动中其实没有什么存在感。这似乎表明，有人对于基耶萨的选择产生了直接影响。虽然村民们通常不会抓住机会结盟或者宣告他们的结盟，但从这也表现了他们对基耶萨滥用职权的情绪反应。

如果我们按名字逐个地进一步分析，则能找出各个家族具体态度的蛛丝马迹。例如，在泰西奥、拉泽托、罗马诺和卡斯塔尼亚家族的遗嘱单中基本找不到自笞会，正如我们已经看到的，这些家族都是在许多方面有千丝万缕联系、同时对基耶萨心存

---

① 从1678年到1707年的这三十年间，不同社会群体的遗嘱中捐给教区组织的遗赠分布百分比如下：

	租赁农户	贵族	其他	妇女	平均
无	10.9	3.2	5.6	7.6	6.8
祈祷会	8.2	14.5	15.1	16.3	13.9
玫瑰经会	23.3	25.8	22.2	29.3	24.9
自笞会	27.4	29.1	22.2	8.7	21.0
圣体会	30.2	27.4	31.7	25.1	28.9
谦逊会			3.2	13.0	4.5
总计	100	100	100	100	100

敌意的乡绅家族。而另一方面,本索家族的租赁农户们却是自笞会的忠实遗赠者。塔纳家族的租赁农户,却与对基耶萨与塔纳之间的关系的推断完全相反,基本都属于圣体会组织。

　　从整体上来说,我们得出的结论仅仅能说明政治上的相互影响和对不同集团效忠的不确定性。派系之间的斗争倾向于间歇性运作——潜伏与运动的循环往复。这就意味着根据派系来建立教区组织的一个基本的时机是从来不会明确地到来的,除了或许是被所有成员共同执行的比较弱的控制形式,这些形式是通过为遗赠和布施选择最终的归属来表现的。

　　尽管如此,派系是存在的,而且有据可证。我在这里用"派系"这个词来表明这些集团的那种变化的、不恒定的性质,这是17世纪末在像桑泰纳这种地方在快速发展变化的形势下为得到可利用资源而进行竞争的组织的典型政治模式。内部分配——按社会阶层的横向划分和按当事人的纵向划分——有时会和与外部社会之间有合作团结的活动产生冲突从而产生相反的联盟。不过,这些联盟来自于对十分稳定的社会图景中具体利益的肯定,而不是来自于为了某一不同的权威和领导系统的组织的斗争中。正是因为这个,当派系出现,当它们自主结合并尘埃落定后,甚至当它们反映了深刻与持久的集团利益时,它们也都是与某些阶段和事件相关的意外产物。最能证明这一点的例子已经众所周知,那就是在1694年指控基耶萨的为首者都属于同样的几个家族,即在五十年前与基耶里城签订了合并邀请的,它们是泰西奥、沙洛特、托雷塔、托斯科、格里瓦家族。

第七章 权力的诱捕:辖区里的和平

现在,让我们回到我们研究的出发点。正如我们看到的那样,1697年——也就是乔瓦·巴蒂斯塔·基耶萨因滥用教区副主教的职权而被送上教会法庭三年之后——他再次被法庭传召。

1694年在第一次审判时获得赦免后,乔瓦·巴蒂斯塔·基耶萨回到桑泰纳继续当他的教区神父,这之后到底发生了些什么我们无从知晓。但有一点是肯定的,那就是他立即就开始了驱魔和治病活动:开始仅仅是临时性地在他自己教区周边的乡村地区给那些无名的贫民、残跛者、关节炎患者等治病,后来渐渐频繁并发展至桑泰纳,给那些达官贵人、医生、神父、药师等进行诊疗;开始仅仅给人看病,后来发展到为家畜治疗;开始是一个人孤军作战,后来逐渐发展到由两位神父陪同出诊的更正式阵容,而陪同他的这两位神父都来自桑泰纳乡绅家族,他们是唐·维托里奥·内格罗和比亚吉奥·罗马诺。

所有这些我们前面已经提到过,这里不再赘述。或许还有一点需要补充,那就是我们怀疑乔瓦·巴蒂斯塔·基耶萨本人已经进入了那种我们讲过的意识机制,即简化病因和企图解释人们遭受的任何疾病与不幸。我们不能认定他举行驱魔活动就是为了保持住因他父亲去世而失掉的声望和权威;极有可能是由于他成功地治愈了一些人,从而使他自己也开始对"别人认为的他具有治愈他人的力量"坚信不疑起来。甚至教区当局禁止他这么做时,他仍高调地进行着他的驱魔活动,并企图在阿斯蒂教区寻求庇护。这些行动恰恰证明他已经完全铁了心要一条道走到底。

这里对他的追随者再做些说明。据他的笔记记载,在7月23日至8月5日这短短几天里,被他驱过魔的桑泰纳人就有27位。其中2位是他的族人,分别是弗朗斯齐尼·瓦罗内·基耶萨和乔瓦·多梅尼科·基耶萨——他们二人同属于较穷的农民家庭,这些家庭曾在五十多年前对朱利·恺撒·基耶萨来到桑泰纳表示欢迎;另外,5位来自租赁农户家庭,14位来自贫农家庭,6位则来自乡绅家庭。他们毫无例外地拥有着一个共同点——那就是在各自的家族中,他们不是族长,也不是长子,仅仅是其中的小角色。只有最贫穷的农民家庭(例如斯卡勒罗、韦尔切利诺、卡曼多纳家)是全家的核心人物造访了乔瓦·巴蒂斯塔。药师乔瓦尼·安东尼奥·泰西奥无疑是乔瓦·巴蒂斯塔所有的病人中最有声望的人物。他长期受脾痛之苦,我们只能大概猜出泰西奥的家人对基耶萨的敌意有多深,因此他迟迟下不了决定请基耶萨为他驱魔。当然,在

第七章 权力的诱捕:辖区里的和平

乔瓦·巴蒂斯塔·基耶萨驱魔生涯的成功达到顶峰之时,他终于付诸行动了。治疗的效果还是不错的,因为四年后在他与表妹乔瓦娜·玛丽亚·拉泽托结婚时缔结的婚约中,我们发现他健康状况良好。

桑泰纳模糊的政治性质再一次给出了乔瓦·巴蒂斯塔追随者的社会定位:首先是穷人和走投无路之人——迫切需要为自己的不幸寻求一个原因的男男女女;他们之后接下来是一群具有更广泛社会基础的人——包括许多乡绅,甚至来自那些对朱利·恺撒·基耶萨和乔瓦·巴蒂斯塔·基耶萨有敌意的家族,例如药师泰西奥。这就表明,至少在特别短的一段时期,他的布道能转变或扭转社区中的派系联盟。当这一集团弃他而去之后,他的追随者的范围缩小。一群穷困潦倒、老弱病残的乌合之众跟随他到了都灵,将大主教的宫殿围困了三天三夜。也正是这群乌合之众出现在证词中并参加了他的审判。一辆大马车都不够把他们所有的拐杖运到都灵的。当乔瓦·巴蒂斯塔再次消失时——正是这一次——桑泰纳不得不再次面对一系列诸如平衡、司法基础、与基耶里和中央政权还有贵族的关系等问题,有些令人烦恼不安的问题被拖延、掩藏甚至自行消失;而有些问题却比以前更加严重。桑泰纳的贵族集团、乡绅和农民们都面临着一个迫切的需求——创建一种新的平衡和一个新的机构组织。过去的五十年里,各种可能性和权力关系已改变,维托里奥·阿梅迪奥二世从中央政府强加给各个领地的行政命令加快了将这个村庄置于他的控制之下的进程。

到了1697年,桑泰纳笼罩在一片混乱之中。乔瓦·巴蒂斯塔·基耶萨消失了;农村地区饱受战争与饥荒之苦长达六年之久;为了保留民兵而征收的附加税又日益繁重,所有这些使得形势更加严峻。似乎只有封建领主们才有能力尝试去改变他们的权力基础,从而建立一个新的本地政治。但是他们还面临着很多难题:一方面,如何将在桑泰纳分散的管辖权集中起来;另一方面,如何推选出一位新的村长兼法官来使桑泰纳回到原来良好的运行状态,以及推选一位能够避免个人野心并确保农民和地主之间、桑泰纳和基耶里之间、封地和国家之间有一个更加明确关系的公证人。

自1690年以后,各路人马轮番上台担任村长一职,然而,要想在这充满着战争、塔纳家族危机、领主们的政治结盟以及管辖权之争的混乱局面中谨小慎微地斡旋谈何容易?短期看来,形势毫无进展,因为没能找到可以长期担此重任的官员。因此,自管辖权之争重启以来,朱利·恺撒·基耶萨的管理时期即被奉为标准管理之典范并非偶然。因为这个时期也是最后一次,本地管辖区域得到充分确定、封建势力统治地理范围得到明确划定的时期。正是在桑泰纳这个地方,当地的贵族集团为了确保自己的管辖权和封邑自治权的范围而决心反对维托里奥·阿梅迪奥二世强硬的反诸侯政策。我们看到,朱利·恺撒·基耶萨当政时建立的刑事程序被重新建立起来了,这一信息我们不是从文献中而是从村民回忆中获得的,因

第七章 权力的诱捕:辖区里的和平

为1691年法国军队焚烧维拉斯泰洛和桑泰纳的大多数房屋时,朱利·恺撒·基耶萨当权时的文件也被烧毁。

管辖权问题不能不解决。为了便于收税,佩雷夸齐奥内区任命的测量员进行农用土地测量时应核实土地所用权和土地用途。反过来,佩雷夸齐奥内区也在着手大规模实行由维托里奥·阿梅迪奥二世制订的土地人口调查计划——即地籍调查。因此,测量员要对桑泰纳土地的财政依赖和基耶里的管辖范围有个明确概念。

1698年在佩雷夸齐奥内区的许多地方已经开始了土地测量工作。也就在这一年,来自坎比亚诺的洛多维科·辛加提被任命为村长来桑泰纳管事。他采取紧急措施,尽可能在最大范围内重新确立桑泰纳的司法自治权。这一切绝非偶然。1699年,村长洛多维科·辛加提以家住泰迪阿戈斯蒂尼的乔瓦·巴蒂斯塔·维拉没有服从他的口头传讯到桑泰纳出庭为由,下令没收维拉的牲畜。维拉称自己没有义务去出庭,只是没有服从辛加提的司法管辖,就遭受如此待遇。[①] 于是维拉上诉至参议院。然而,在那个时候参议院怕与封地领主权发生正面冲突,因而不敢深入调查此事,维拉只是领回了他的牲畜并受到警告。桑泰纳封地管辖的范围始终没有得到确定。这个案子在审理当中,参议院根据五个世纪前的有关封地移交仪式的文献胡乱地处理,进展十分缓慢。

[①] ASCC, art. 22, par. 1, n. 45, Rescritto del Senato in favore di G. B. Villa, 1699.

承袭的权力:一个驱魔师的故事

次年即 1700 年 4 月,在对桑泰纳进行土地测量的前夕,桑泰纳的领主们自己请求公爵和参议院准许"他们对桑泰纳及其租赁农场拥有平静、和平、长久的刑事和民事管辖权"①。不久领主们敦促村长辛加提进一步采取行动。5 月 1 日,"桑泰纳当地教堂举行弥撒仪式之后,人们还处于兴奋之时,村长洛多维科·辛加提先生,在来自维拉斯泰洛(或住在那里)的一位警官的逼迫下,被迫大声宣读了一项禁令:禁止所有的特定人群在多个小村庄居住……从此刻起,基耶里的市长就是他们的法官。禁令一经公布,桑泰纳村长就得到了当地群众的支持"。此事是 1700 年 5 月 3 日巴萨泽·卡瓦利亚和吉奥阔莫·安东尼奥·卡曼多纳在关于司法管辖权的听证会所作的供词中叙述的。②

都灵参议院可能担心这一事件会引发更为严重的冲突,因此拒绝做出任何临时或行政决定。在案件审理期间,参议院禁止基耶里市民骚扰桑泰纳村民,并且要求土地测量须附带条件。桑泰纳领主们公开申明不会让这种情况发生,坚持认为桑泰纳在都灵教会的直接统治之下,反对对封地和自由地进行测量,因为"如果进行土地测量,基耶里就有可能将桑泰纳纳入它的辖区范围"。1701 年 8 月 25 日,参议院再一次拒绝对此事明确表态。尽管这件案子影响力不大,参议院也

---

① ASCC, par. 2, n. 6, Atti dell' Ill. ma Citta di Chieri contro il Sig. marchese Tana er altri Signori del consortile di Santena per fatto di giurisdizione avanti l' Ecc. mo Senato,1700.

② Ibid. , n. 7, Informazioni prese per fatto di giurisdizione,16 March 1701.

第七章 权力的诱捕:辖区里的和平

不允许此案成为抵制佩雷夸齐奥内区的土地人口调查的先例。因此参议院决定表面接受维托里奥·阿梅迪奥二世的中央集权政策,并规定各方应同意对自由地进行土地测量,并保证这绝不是蔑视司法管辖权。①

从 1700 年底开始,来自卡尔马尼奥拉的朱迦尼承袭了桑泰纳村长一职。他做事果断,也正是因为这一点而被当地领主集团选为村长。桑泰纳的边远农场的租赁农户们发现他们陷入矛盾冲突中,每次基耶里要他们交税时总是会受到桑泰纳村长的立即反对,当桑泰纳官员来收税时又受到基耶里城的反对。每每这时租赁农户们就要遭受池鱼之殃了。1701 年 3 月,基耶里的官员为了征召兵役对农场 18 岁到 40 岁的男性做普查。第二天桑泰纳村长作为唯一有权执行这项行政法案的人来到农场,命令租赁农户们下一次给他通风报信;谁不服从命令就逮捕谁。43 岁的富农巴萨泽·卡瓦利亚居住在卢塞纳农场,桑泰纳和基耶里两地的官员都来过他的农场,他于 3 月 6 日向基耶里城的官员证实了他亲眼目睹发生在附近农场的一切。"桑泰纳的村长先生亲自来到农场,执意命令租赁农户们向他报告情况。卡瓦利亚回答说他已经在基耶里报告了情况,而朱迦尼村长说只能告诉他本人。因此便下令把卡瓦利亚监禁在桑泰纳。租赁农户路易吉·卡曼多纳同样被监禁。"该农场罗比奥伯爵的租赁农户也被桑泰纳村长监禁。②

---

① ASCC,n.6,Atti.
② ASCC,n.7,Informazioni.

承袭的权力:一个驱魔师的故事

转眼几个月就过去了,在7月份佩雷夸齐奥内区进行了土地测量。在测量前夕,桑泰纳的领主集团委派代理人吉盎·吉奥阔莫·皮亚托先生以领主的名义提出抗议:"在确认土地界限时或进行土地测量时所说的一切和所做的一切……不管以什么样的方式,不管是以什么样的头衔,与最杰出、最优秀的桑泰纳领主们对抗,决不应该给桑泰纳土地权和地区范围划分带来一丁点儿的损害,尤其是考虑到参议院还有诉讼案未解决。"①

很明显,这是一场利益交织的战争,涉及城市、领主集团、农民、中央政府以及都灵教会各方面的利益。这又是一场持久战,所有的行动都只是表面现象,利益各方实际上是在等参议院的决议。参议院一方面担心触犯当地领主的利益,不敢支持基耶里;另一方面,因为当时存在着诸如采邑权遭到质疑、财政豁免不得人心、司法自治权泛滥等案件,而桑泰纳事件只是这其中的一件,故而参议院又不敢支持领主。这一切的一切都源于国家许多地方社区存在的一些复杂的行政管理问题;这些社区形成于不同的历史时期,缺乏统一性;而维托里奥·阿梅迪奥二世要做的就是确立政府的中央集权政策。

1701年到1705年间所发生的事只能由我们来猜测了。皮埃蒙特再一次卷入了西班牙王位继承战争中。因此,在王室最需要忠诚与支持时,参议院做的任何一个决议,王室都会

---

① AST, sez. Reunite, Catasti, allegato 1, mazzo 1, Villastellone, 7, July 1701.

第七章　权力的诱捕:辖区里的和平

认同。事件再一次从平静中发生,事态变得更加极端甚至充满暴力,基耶里可能会继续实行"蚕食政策"。朱迦尼村长代表领主集团管理村庄已经有四年多了,他的行为表明领主集团已失去了桑泰纳所有人的支持,桑泰纳不承认该集团的权利,领主集团向参议院展现自己权利的最后一张王牌都没有了。让我们再来听听这场大戏中一位"角色"的话吧,此人甚至让我们听到了他与朱迦尼村长的争吵。乔瓦·巴蒂斯塔·维拉是泰西奥家族的女婿,40来岁,没有文化,是个乡下人,但比较富裕(财产超过500里拉)。1705年4月20日,维拉道:"我是来桑泰纳做生意的。大概昨晚11点的时候,有人告诉我当地警察来过我住的房子,奉村长之命要我交部分财产税给士兵(这是每个桑泰纳人都必须交给警卫团的)。于是我马上跑到马蒂诺·托雷塔的酒馆(村长先生就在那),问村长先生他想要什么。村长要我付2里拉的财产税;我一听就回答说尽管我住在桑泰纳,但没有义务交税,因为我是基耶里市民。而村长说他有权下令,我回答说从来没有桑泰纳村长给基耶里城的人下令的;并且我告诉他,我哥哥托马索住在泰迪阿戈斯蒂尼,到今年12月已经有12个小孩了,基耶里城的法官先生早就来农场证实了孩子的数目。① 如果朱迦尼有权在农场下令,他有管理农场的司法权,早就该由他来证实孩子的数目。"维拉和泰西奥家族之间的联姻关系,意味着他们之间

---

① "基耶里城的法官先生来农场证实孩子的数目"一事发生于1704年12月11日;参考 ASCC, art. 22, par. 1, n. 61。

的冲突依然反映了乡绅与领主之间的紧张关系。之所以这么说，是因为"村长先生听我说之后，叫我不要自作聪明，说我是一个酒鬼，一无是处。我与他人交谈，说我不想同时服从于两个地方的管辖。村长先生抓起我的头发，一边说必须把我一个人监禁到桑泰纳的塔纳家族城堡(Santenotto)，一边把我推出屋子。我出来时说，他无权这样对待我，同样也无权放我走。后来我的小舅子，也就是最受尊敬的卡洛·弗朗西斯科·泰西奥神父跑到城堡告诉朱迦尼村长不要这样对待我而应该把我放了，并且不管村长什么时候要传唤我，他都会替我回答"①。

泰西奥家族深具威望的神父介入，还是没能让朱迦尼村长撤销命令，而且他态度依然傲慢。第二天朱迦尼正要去基耶里抗议前一天发生的事，在路上碰到了维拉。维拉说朱迦尼无权那样对他，朱迦尼回答说："你就等着警察来传唤你吧，你看后果会怎样。"事实上朱迦尼村长当时有一个排的士兵(5个士兵组成一个排)听他差遣。接下来的几天里，朱迦尼带着这些士兵一起向桑泰纳的农场发起真正的攻击，他们没收了所有拒交兵税者的财产；没收了一个叫贝尔纳多·塔米亚的租赁农户的一张床单和一件男式衬衫；从乔瓦·巴蒂斯塔·维拉的妻子安娜那拿走了两段新布匹和一个盒子；另外还没收了吉奥阔莫·安东尼奥·坎比诺、米歇尔·丽莎、巴萨泽·

---

① ASCC, par.2, n.8, Informazioni per il fatto del posdesta di Santena nel Tribunale di Chieri, 20 April 1705.

第七章 权力的诱捕:辖区里的和平

卡瓦利亚和吉奥阔莫·安东尼奥·卡曼多纳等人的一些物品。而这些人恰好属于一个阵营,就像是领主集团的对立派一样——领主集团主要由贵族组成,但其中也包括租赁农户。在司法权冲突最尖锐的最后时期里,还有其他一些他们的委托人和直系亲属也卷入到当地的政治冲突中。

在接下来的数十年里,这件可以追溯到百年前的有关司法管辖权的诉讼案件没有得到彻底解决。① 可想而知,这案件拖延了多少年。然而1705年的事件发生后,参议院宁愿接受部分失败而不愿使司法权管理继续混乱不清,因此支持基耶里城而反对领主集团的要求。这样,桑泰纳有了明确的财政定义,要交税给基耶里。这个小村庄在朱利·恺撒·基耶萨村长和他儿子乔瓦·巴蒂斯塔·基耶萨管理村庄的冒险时期曾经历的滥用司法管辖权的自治机会至此结束了。

可以肯定的是,正是领主封地上的混乱才使得这些领主一个个放弃了都灵王室不认同的司法管辖权。本索家族和塔纳家族为了争夺在领主集团的领导权而进行的长期争斗,由于受到维托里奥·阿梅迪奥二世中央集权制度带来的外在威胁而进入第二个阶段。领主们失败后又为司法管辖权问题公开争吵。当昂特拉克镇的塔纳家族得到布罗利亚的司法管辖权时(根据1699年2月19日条款),本索家族也许就隐约地

---

① 同时,领主集团结构发生了极大的改变,凯沃尔的本索家族继承了桑泰纳的本索家族的财产。这件诉讼案也牵扯到都灵主教的侄子——来自普拉洛尔莫的罗韦罗。在 AAT,5.13,Sommario 中,概述了这件关于司法管辖权的诉讼案以及本索和塔纳两大家族就此事私下商议时的争论。

意识到了这一点,于是就在他们的份额上加了十二分之一(也就占了封邑的三分之一)。① 这也就补偿了另一支塔纳家族的损失。但在这么小的一块封邑上司法管辖权已经四分五裂了。要掌握桑泰纳的最高领导权不仅是靠掌握它的司法管辖权,还得看与公爵和都灵大主教的关系怎样。在18世纪的头几年里,塔纳家族不管怎样都掌控着桑泰纳十二分之五的司法管辖权,并且他们的支配地位非常确定;而村长住在塔纳家族的城堡并在那里执行司法公正这一古老的传统,象征性地增强了塔纳家族的权力。

都灵主教威宝于1702—1704年间进行了牧灵访问(现存文件极不完整)。② 桑泰纳的教堂景象凄凉,甚至几乎不堪使用了。于是威宝下令重建教堂但暂时未预算所需资金。他当时可能是想证明桑泰纳的一切是如何经得起乔瓦·巴蒂斯塔·基耶萨事件的考验的,而且他所考虑的是由于塔纳家族对农民教区的世俗宗教管理引起的混乱不得不免去塔纳家族的这项特权。我们甚至可以猜测,大主教已经和卡洛·乔瓦尼·巴蒂斯塔·约瑟夫·塔纳侯爵讨论了这件事,并且两人已经达成了协议。

---

① AAT, p, 131.
② AAT,7,1.21,Visita dell'archivescovo Michele Antonio Vibo,1702 – 70. 然而,关于塔纳和本索家族间的这件事,参考文献集 ATT, 5.13,Sommario,pp. 237 – 46;AST,sez. 1,Benefizi di qua da'monti,mazzo 25,Santena;ASCC,art. 22,par. 2,nn. 18 – 19;也可参考 G. Bosio, *Santena e I suoi dintorni. Notizie storiche* (Asti:Michelerio,1864),36 – 57;G. Bosio, *La Chiesa Parrocchiale di Santena. Studio Storico* (Turin:Tipogtafia Artigianelli,1896),26 – 31.

第七章 权力的诱捕:辖区里的和平

事实上,1708年5月10日,都灵大主教致信给塔纳侯爵个人而不是桑泰纳的所有领主们,要求塔纳侯爵自己出钱重建教区和教堂的圣器收藏室。作为交换条件,塔纳侯爵可"并置他的高贵纹章"于祭坛之上。①

本索家族则受到了冷遇。塔纳家族在解决乔瓦·巴蒂斯塔·基耶萨事件上有功而获得报酬,大主教把塔纳家族的特权置于其他家族之上,通过这样的方式来处理领主集团之间的问题(我们不知道这是否是一个合理的决定,或许这只是愚蠢的政治行为)。本索伯爵来势汹汹,不管怎样,说起集团内的和谐与和平出现裂痕时,严厉斥责大主教"在领主集团内制造不和",声称他担心"(给予塔纳家族)这样一个特权会导致塔纳家族在封地里的优越感"。当时的情况相当混乱。维托里奥·阿梅迪奥二世还是以质疑的眼光看待皮埃蒙特大区教会的封地。加之乔瓦·巴蒂斯塔·基耶萨事件诉讼程序混乱,再者大主教当时所做的决定会招致的反对,不仅来自一个贵族家族,而且来自参议院和公爵,所以在这种情况下大主教必须慎重考虑。塔纳和本索两个家族在宫廷里掌握着重要的军事权和行政权。② 此时宫廷里或许散布着各种闲言碎语。面对这种种情况以及各方面的压力,大主教最终不得不调和这两个家族以达成一致。1711年6月6日,为了让本索家族

---

① AAT,5.13,Sommario,237.
② 欧塔维奥·本索伯爵直接向参议院抱怨大主教威宝处事不公,但是参议院说,此事不在其管辖范围之内。参考 AST,sez.,1, Benefizi。

认同塔纳家族的特权,大主教写信给本索家族允许他们恢复象征本索家族权威但在五十年前被废除的一项做法。① 大主教在信中写道:"大概五十年前本索伯爵先生拥有一面窗,透过这窗,他不用去教堂,在他的城堡里就可以听到老教堂里传来的弥撒曲。但是,当我们两位前任主教伯杰拉和贝贾托来访后,这窗被封闭了。如今本索伯爵又建议此事,为此,我们允许本索家族恢复这种做法。我们不能安排类似的窗这种有违教规的布置,但我们希望并且确实允许他们在教堂左边墙上开扇门,这样本索伯爵就可以通过这个侧门进入教堂,前提是他必须自己承担开门的费用。门只能从教堂内部开和关,钥匙暂时由教区主教和副主教保管。"

大主教还正式宣布:"我们对塔纳侯爵先生做出让步,允许他并置他高贵的纹章于祭坛之上,但这并不表示塔纳家族拥有更大的优越感,塔纳家族不能损害桑泰纳其他贵族的利益。"

这样,桑泰纳的塔纳和本索两大家族结束了他们的争吵,并于1713年3月15日签订了协议。② 教区的教堂到处都是他们权力的象征。领主们必须将大部分司法权移交给基耶里,只剩下"从桥到桥"的自治范围。然而作为交换,塔纳和本

---

① 大主教威宝称之为"jus honorifico";参考 ATT,5.13,Sommario,239。

② Ibid.,140 – 142。在1720年,桑泰纳的封建领主们这样划分了封地:塔纳侯爵控制9/24减去1/17的封地,再加上2/24他在布罗瓦利亚的土地;塔纳伯爵享有2/24的封地;本索伯爵享有6/24加1/17的封地;巴比亚诺侯爵拥有4/24的封地;丰塔内拉伯爵享有1/24的封地。(也可参考 Basio, Santena, 170。)

第七章 权力的诱捕：辖区里的和平

索两个家族重获古老的威望标志：本索家族将刻有他们纹章的族印刻在教堂的门上，经过这扇门可以直接从城堡进入教堂，塔纳侯爵也同样把族印刻在 Sancta sanctorum 的门上，他的纹章被刻在高坛之上。塔纳侯爵在"cornu Epistulae"占据席位，而本索伯爵在"cornu Evangellii"占据席位，没有任何其他的席位能够置于这两大家族之前。

塔纳和本索两大家族之间还存在着其他问题，而这些问题一直是造成家族不平等和冲突的根源。村长办公室不再设在塔纳家族的城堡，而是"设在第三所房子"；列队时，第一列是拥有"天使报喜勋章"的地主，接着便是按实际年龄排序的地主。大家必须遵守村长的命令并达成一致。

大主教的这一决议得到了维托里奥·阿梅迪奥二世的批准。要使自己王国的一个小角落维持和平，维托里奥·阿梅迪奥二世多少感受到了些许压力。[①] 身为基耶里真正的居民，农民必须接受佩雷夸齐奥内。他们要精确测量小块土地，还要遵从严格的税收体制。这种税收体制得益于土地货币价值的统一分配。如此一来，经济估算标准得到了大规模的整顿，而且一些小业主生产方式的思维体系也做了很大的调整。住在桑泰纳村内的农民得继续向领主上交成篮的农产品和阉鸡，以此作为房屋、菜园、大麻地的税收。他们得继续在领主的压榨下艰难地生活。要是他们在小小的桑泰纳犯了罪，他

---

① 卡洛·伊曼纽尔·德·巴尔比斯·弗农伯爵代表维托里奥·阿梅迪奥二世签署这份协议。

们也得接受由桑泰纳领主们推选、都灵参议院任命的法官的审判。留有残茬的田地和牧场仍然不能租给在封建大农场越冬的昂特拉克牧羊人。

　　至此,持续五十年之久的政治冒险活动终于结束了。它的形式非常特别,但仍然充分显示了17世纪农民世界的行为模式与思维模式。我不禁会想,从我们眼前晃过的这些迷茫的农人们,他们考虑别人胜过考虑自己,做着卑微的日常事务,但从积极或是消极的意义上看,这决定了现代国家的特征和统治阶级的妥协进退。